X

GRAMMAIRE
FRANÇAISE.

1

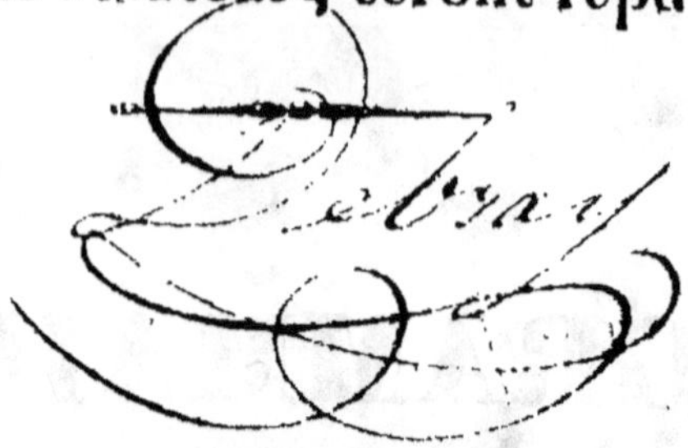

CET OUVRAGE SE TROUVE :

A Bolbec.

Chez l'Auteur, rue du Havre.

Ve. Lainé, Libraire, Grand'Rue.

Torquet, Libraire, idem.

Valin, Imprimeur, rue aux Moules.

A Lillebonne.

Percheron, Libraire, etc.

GRAMMAIRE

FRANÇAISE,

PAR J. DEBRAY, INSTITUTEUR,

DÉDIÉE

AUX INSTITUTEURS PRIMAIRES.

SECONDE ÉDITION.

Prix : 1 fr. brochées.
1 fr. 25 cartonnées.

BOLBEC,

Imprimerie de **VALIN**, rue aux Moules.

1835.

PRÉFACE.

Je suis dans l'enseignement primaire depuis plus de trente ans, et, depuis cette époque, j'ai toujours pensé que les grammaires que l'on met entre les mains des commençans, sont trop savantes pour des élèves qui n'ont aucune notion des principes de notre langue.

Dirigé par cette idée, j'ai composé ce traité grammatical. J'avoue que les difficultés s'y sont montrées plus nombreuses que je ne me l'étais imaginé ; car, à côté du danger d'être prolixe, se trouvait celui d'être trop laconique.

J'ai fait tous mes efforts pour ne donner, ni dans l'un ni dans l'autre extrême. Ai-je réussi? C'est en lisant mon ouvrage, c'est en le méditant, que le lecteur pourra répondre à cette question. . . .

Le but de la Grammaire est de conduire un élève à analyser les mots de la Langue qu'il apprend. Pour l'aider dans ce travail, qui offre quelques difficultés, j'ai placé, à la fin de chaque partie du discours, une analyse, qui a un rapport direct à cette partie du discours.

De cette manière, l'élève, qui a encore présent à l'esprit ce qu'il vient d'apprendre, ou du moins ce qu'il vient de lire, comprendra facilement ce qui aurait été incompréhensible pour lui sans cet exemple; il s'y attachera, il voudra le raisonner, et ce raisonnement formera son jugement, dirigera son esprit, et enfin lui permettra de s'expliquer à lui-même, ce qu'un instituteur aurait eu beaucoup de peine à lui faire comprendre.

Car, que l'on ne s'y trompe pas, c'est cette absence de résultats, qui frappe autant la raison que l'esprit des élèves, qui dégoûte de l'étude de leur Langue ceux qui ont peu de temps à lui donner.

J'ai composé cet ouvrage en m'aidant de la Grammaire des Grammaires, ainsi que des Grammaires de C. C. Letellier, de Lefranc et du Voleur Grammatical, etc.

En offrant ce Traité Grammatical au public, je n'ai point la prétention de m'ériger en auteur,

Être utile aux instituteurs et aux élèves, épargner des larmes à ces derniers, leur rendre plus doux le chemin de l'instruction, en arracher quelques épines : voilà mon but.

Je me trouverai bien récompensé de mon faible travail, si j'obtiens ce résultat.

Qu'on ne croie pas cependant, que je rejette les Grammaires de nos grands maîtres; non, certainement. Si j'agissais ainsi, je ressemblerais au ruisseau qui méconnaît la source où il a pris naissance; cette pensée est bien éloignée de moi; je désire seulement qu'on ne place ces Grammaires entre les mains des élèves que lorsqu'ils seront capables, par une étude préparatoire, d'en sentir les beautés, et de profiter de la science qui s'y trouve contenue.

Un grand nombre d'élèves, dans nos campagnes surtout, ne prennent qu'une idée bien superficielle de leur langue maternelle. Si on leur donne un livre volumineux, ils n'en auront pas appris le quart, quand les besoins de la famille les forceront d'interrompre ce qu'ils auront à peine effleuré.

Mon traité dit peu sur chaque partie du discours, néanmoins, je crois que, pour des élèves qui ne peuvent pousser leur éducation bien loin, il dit assez, et que les exemples d'analyses que j'y joins, permettront à un élève studieux de se perfectionner lui-même.

Je voudrais que l'on agît, à l'égard des

élèves, de la même manière qu'une bonne nourrice agit avec l'enfant qu'elle nourrit. Elle commence par lui donner du lait ; puis, quand ses forces se développent, quand cette première nourriture l'a rendu passablement robuste, elle lui en donne une plus substantielle ; elle sait que, si elle eût commencé par cette dernière, elle aurait affaibli son élève, au lieu de le fortifier. Elle marche donc par gradation ; elle ne fait point d'essais téméraires ; car elle n'ignore pas qu'ils pourraient être funestes. Enfin, elle ne traite point en homme l'être qu'il faut encore tenir à la lisière.

On fait tout le contraire pour un grand nombre d'élèves de nos écoles primaires ; on leur met entre les mains une Grammaire, où les règles sont fort bien établies ; mais, qu'est-ce que les règles, sans des exemples qui soient à leur portée, qu'ils puissent comprendre facilement ? C'est la bonne semence répandue sur une bonne terre, mais sur une terre qui n'a point encore été préparée.

Depuis plusieurs années, j'ai suivi le mode que j'offre au public, et je m'en suis bien trouvé. Puissent mes confrères, à qui je le DÉDIE, en tirer le même parti ; c'est le vœu que je forme en terminant cette Préface.

AVIS.

L'accueil bienveillant que les instituteurs et les institutrices ont fait à la première édition de cette GRAMMAIRE, a été pour moi un puissant encouragement pour la revoir avec soin ; quelques fautes s'y étaient glissées, elles ont été corrigées ; je l'ai augmentée de plusieurs règles sur les *adjectifs*, sur les mots *tout* et *quelque*, ainsi que de plusieurs *analyses*, avec un vocabulaire sur les mots terminés en *ance*, *anse*, *ence* et *ense*.

J'ose me flatter que ces additions conviendront parfaitement aux instituteurs et aux élèves.

AVIS.

[illegible] que les instituteurs et les [illegible] ayant fait la première édition de cet ABC [illegible] quel [illegible] le revoir [illegible] qui ont [illegible] les [illegible] que de leurs [illegible]

[illegible] qu'il est [illegible] aux instituteurs et aux élèves.

GRAMMAIRE

FRANÇAISE.

NOTIONS PRÉLIMINAIRES.

La *Grammaire* est l'art de parler et d'écrire correctement.

Parler correctement, c'est parler sans faire de fautes de Français.

Écrire correctement, c'est écrire sans faire de fautes d'orthographe, ou sans faire de fautes contre les règles de la *Syntaxe* (1).

En parlant ou en écrivant, on se sert de mots, qui forment des *Propositions* (2), des *Phrases* (3).

Les mots sont composés de *Lettres*.

D'après l'appellation moderne, toutes les lettres sont du genre *Masculin*.

L'Alphabet Français comprend vingt-cinq lettres, qui sont les *Voyelles* et les *Consonnes*.

Nous comptons six *Voyelles*, *a*, *e*, *i*, *o*, *u* et *y*.

Les *Voyelles* sont des lettres, qui, seules, et sans le secours des consonnes, peuvent former des *Syllabes*, des *Mots*.

Exemples :

Ou, *au*, *eau*, *oi*, *eu*, etc.

On peut donner à ces syllabes, ainsi qu'aux voyelles le nom de *Sons*.

---

(1) La Syntaxe traite de l'arrangement et de la construction des mots et des phrases, selon les règles de la Grammaire.

(2) La proposition est un discours qui affirme ou qui nie.

(3) Les phrases sont des réunions de mots formant un sens complet.

Nous comptons dix-neuf *Consonnes*: *b*, *c*, *d*, *f*, *g*, *h*, *j*, *k*, *l*, *m*, *n*, *p*, *q*, *r*, *s*, *t*, *v*, *x* et *z*.

Ces lettres se nomment *Consonnes*, c'est-à-dire qui *sonne avec*; on peut leur donner aussi le nom de *mouvemens*. En effet, elles ne sont que comme un souffle, qui frappe sur le son, et le fait entendre.

Exemples :

Je prends le son *eau*, je frappe sur ce son avec le mouvement *p*, et j'ai pour résultat *peau*. Je prends ensuite le son *oi*, je frappe dessus avec le mouvement *l*, le résultat est : *loi*, etc. (1).

On donne le nom de *Syllabe*, à une ou plusieurs lettres, qui forment un son et se prononcent par une seule émission de voix. Dans le mot *Générosité*, il y a cinq syllabes : *gé-né-ro-si-té*.

Les mots qui ne sont composés que d'une syllabe, se nomment *Monosyllabes*.

Exemples :

Dard, *fard*, *lois*, *bois*, *gant*, etc.

Ceux qui sont composés de plusieurs syllabes, s'appellent *Polysyllabes*.

Exemples :

Vérité, *vertu*, *mensonge*, *monomotapa*, etc.

Il y a trois *Accens*, savoir : l'accent *Aigu* (´), l'accent *Grave* (`), et l'accent *Circonflexe* (^).

L'accent aigu va de *droite* à *gauche*, l'accent grave de *gauche* à *droite*, et l'accent circonflexe se forme de la *réunion* des deux autres.

Nous comptons trois sortes d'*e*, savoir :

1°. L'*e* muet, dont le son est sourd et peu sensible.

Exemples :

Homme, *femme*, *table*, etc.

2°. L'*é* fermé, qui se prononce la bouche presque fermée.

Exemples :

Vérité, *bonté*, *santé*, *café*, etc.

---

(1) Citolégie de Dupont de l'Hérault.

3°. L'*é* ouvert, qui se prononce en appuyant dessus, et en desserrant les dents.

Exemples :

Procès, *décès*, *abcès*, *succès*, etc.

Nous avons deux sortes de voyelles : les *longues* et les *brèves*.

Les voyelles *longues* sont celles sur lesquelles on appuie plus long-temps en les prononçant ; on met un accent circonflexe sur ces voyelles.

Exemples :

a est long dans *pâle* et bref dans *agathe*.
e est long dans *blême* et bref dans *diète*.
i est long dans *gîte* et bref dans *petite*.
o est long dans *impôt* et bref dans *falot*.
u est long dans *flûte* et bref dans *dispute*.

L'*y* est leplus souvent employé pour deux *i i*.

Exemples :

Ecrivez	Prononcez
citoyen,	*citoi-ien.*
moyen,	*moi-ien.*
doyen,	*doi-ien.*
mitoyen,	*mitoi-ien.*

Mais l'*y* n'a que la valeur de l'*i* simple lorsqu'il est entre deux consonnes.

Exemples :

Ecrivez	Prononcez
hypocrisie,	*hipocrisie.*
abyme,	*abime.*
hymen,	*himen.*

Nous avons deux sortes d'*h*, l'*h* muet et l'*h* aspiré.

L'*h* muet est celui qui ne se prononce pas.

Exemples :

Ecrivez	Prononcez
l'homme,	*l'omme.*
l'honneur,	*l'onneur.*
l'horloge,	*l'orloge.*

L'*h* aspiré est celui qui fait prononcer du gosier la voyelle qui le suit.

Exemples :

Hameau, *héros*, *hure*.

Lorsque ces mots sont au pluriel, il faut les prononcer sans aucune liaison avec la consonne qui les précède.

Exemples:

Les *hameaux*, les *héros*, les *hures*, et non pas: lé *zhameaux*, lé *zhéros*, lé *zhures*.

Des Genres.

Par les *Genres*, on entend le *masculin* et le *féminin*. Ce sont les deux sexes qui ont amené la distinction des objets en deux genres. —Un *homme* est du genre *masculin*; une *femme* est du genre *féminin*; puis, par imitation, on a fait le *ciel* du genre masculin et la *terre* du genre féminin, etc.

Des Nombres.

Par les *nombres*, on entend le *singulier* et le *pluriel*.

Le singulier marque *l'unité*, comme le *canif*, la *plume*, etc.

Le pluriel marque la *pluralité*, comme les *canifs*, les *plumes*, etc.

De l'Apostrophe.

L'*Apostrophe* est une petite figure (') que l'on met à la place des voyelles *a*, *e* et *i*, quand le mot qui suit commence par une voyelle, ou un *h* muet; ce retranchement a lieu dans les mots suivans:
je, *me*, *ne*, *le*, *la*, *te*, *se*, *ce*, *que*, et *si*.

Exemples:

J'aime, pour je aime.
M'aimer, pour me aimer.
N'achetez pas, pour ne achetez pas.
L'homme, pour le homme.
L'horloge, pour la horloge.
T'aimer, pour te aimer.
S'amuser, pour se amuser.
C'est vous, pour ce est vous.

Qu'il vienne, pour que il vienne.
S'il, pour si il.

Des dix parties du Discours.

(*Explications.*)

On appelle *Parties* du *Discours* dix sortes de mots, que la langue Française emploie pour former le discours (1); ce sont, si je puis m'exprimer ainsi, les dix *outils* avec lesquels on construit les phrases, avec lesquels on forme un jugement. Il faut donc commencer par cette connaissance préliminaire; car sans elle l'élève ne saurait rien.

La connaissance des dix parties du discours et l'ordre dans lequel on doit les ranger sont donc d'une connaissance indispensable; car si l'on s'en servait sans les placer dans l'ordre qui leur convient, on prononcerait des mots, mais on ne prononcerait pas un discours, et personne ne nous comprendrait.

Exemple :

Heureux sage garçon le sera.

Ces mots sont Français, et cependant on ne peut les comprendre. Pourquoi ?—Parcequ'ils ne sont point rangés dans l'ordre qui leur convient.

Examinons-les avec attention et raisonnons-les d'après les règles des parties du discours.

Nous voyons dans ces règles : 1°. que l'article se place avant le substantif pour en faire connaître le genre et le nombre.

2°. Que le substantif le suit immédiatement.

3°. Que l'adjectif donne une qualité au substantif et qu'il est toujours du même genre et du même nombre que le substantif qu'il qualifie, qu'il est placé avant ou après le substantif, selon que l'usage l'exige.

4°. Et enfin que le verbe est toujours du même nom-

---

(1) On appelle discours, un assemblage de paroles, qui servent à exprimer la pensée et à la développer.

bre et de la même personne que son sujet (voir la 2e partie).

Cela étant bien compris, je vais transcrire de nouveau les mots que j'ai transcrits il n'y a qu'un instant, et placer au-dessus de chacun d'eux, la partie du discours à laquelle ils appartiennent.

adj. adj. subs. c. art. s. verbe.
Heureux sage garçon le sera

Je prends ces mots, puis je les place d'après l'ordre établi, et je trouve :

art. s. subst. c. adj. verbe. adj.
Le garçon sage sera heureux.

Ce sont les mêmes mots, mais ils sont rangés dans l'ordre grammatical, alors tout le monde les comprend (1).

Des dix parties du Discours.

(LEURS NOMS.)

Les dix parties du discours sont : *l'Article*, *le Substantif*, *l'Adjectif*, *le Pronom*, *le Verbe*, *le Participe*, *la Préposition*, *l'Adverbe*, *la Conjonction*, et *l'Interjection.*

Des dix parties du discours, les six premières sont variables : cinq prennent les deux genres et les deux nombres ; ce sont : l'*Article*, le *Substantif*, l'*Adjectif*, le *Pronom* et le *Participe* ; le *Verbe* prend seulement les deux nombres.

---

(1) On me répondra peut-être que personne ne parle de la manière dont j'ai placé ces mots : j'en conviens ; mais aussi, personne ne saura pourquoi on doit les ranger dans l'ordre que je viens d'établir, ni la manière de les écrire correctement, si auparavant, on ne l'a appris d'après les règles de la Grammaire. Il ne suffit pas de ne point dire des choses niaises, il faut encore savoir pourquoi et comment on doit les dire.

Notre langue n'emploie que dix sortes de mots pour rendre nos idées ; il n'est donc pas bien difficile de parvenir à les connaître. Plus d'un art, même des moins élevés, demande plus de dix sortes d'outils pour confectionner les ouvrages qui sortent des mains de l'ouvrier. L'apprenti, le moins appliqué, ne tarde pas à les connaître tous. Ferez-vous moins, mes enfans, pour connaître votre langue, pour la parler et l'écrire correctement.

J'ose me flatter que ces courtes réflexions vous porteront à faire quelques efforts pour apprendre une chose aussi facile, et qui doit vous honorer par la suite.

Les quatre autres sont invariables ; c'est-à-dire, qu'elles ne prennent ni genre, ni nombre ; elles s'écrivent toujours de la même manière, il n'est donc pas bien difficile de les écrire correctement.

Ces quatre parties du discours sont :

La *Préposition*, l'*Adverbe*, la *Conjonction* et l'*Interjection*.

(Nous allons maintenant expliquer chaque partie du discours, et à la suite de chaque explication en donner une analyse ; c'est ce qui manque dans presque toutes nos Grammaires, et c'est cependant ce qui est le plus utile pour les élèves).

CHAPITRE 1er.

PREMIÈRE PARTIE DU DISCOURS.

L'Article.

L'*Article* est un petit mot, qui se place devant les noms communs pour en faire connaître le *genre* et le *nombre*.

Nous avons deux sortes d'articles ; les articles *simples* et les articles *composés*.

Les articles simples sont : *le*, *la*, *les*.

Le pour le singulier *masculin*.

Exemples :

Le fleuve, *le* monde, *le* hameau, etc.

La pour le singulier *féminin*.

Exemples :

La femme, *la* rivière, *la* famine, etc.

Les pour les deux genres au pluriel.

Exemples :

Les hommes, *les* femmes, *les* garçons, *les* filles, etc.

Les articles composés sont : *au*, *aux*, *du*, *des*.

L'article *au* est composé de la préposition *à* et de l'article *le*, il s'emploie au masculin singulier.

Exemples :

Je vais *au* château, pour *à le* château.

Nous allons *au* camp, pour *à le* camp, etc.

L'article *aux* est composé de la préposition *à* et de l'article *les*, il s'emploie pour les deux genres, au pluriel.

Exemples :

Je plais *aux* hommes, pour *à les* hommes.

Je plais *aux* femmes, pour *à les* femmes.

A la ne change point.

Exemples :

Je vais *à la* campagne; *à la* ville; *à la* cour; *à la* forêt; *à la* prairie, etc.

L'article *du* est composé de la préposition *de*, et de l'article *le*, il s'emploie pour le masculin singulier.

Exemples :

Je reviens *du* hameau, pour *de le* hameau.

Il demeure près *du* port, pour *de le* port, etc.

L'article *des* est composé de la préposition *de* et de l'article *les*, il s'emploie pour les deux genres, au pluriel.

Exemples :

J'ai visité *des* forêts, pour *de les* forêts.

J'ai acheté *des* châteaux, pour *de les* châteaux, etc.

Deux mots peuvent encore être considérés comme des espèces d'articles, quand ils ne servent qu'à faire connaître le genre et le nombre des substantifs qu'ils précèdent ; ces deux mots sont : *un* et *une*.

Exemples :

C'est *un* brave homme.

C'est *une* belle femme, etc.

Analyses de l'Article (1).

1er. EXERCICE.

La lecture, l'écriture et la grammaire, sont utiles aux hommes.

---

(1) Dans cette première analyse je n'explique que l'article, parce que je considère mon élève, comme étant trop faible pour lui dire autre chose; lorsqu'il aura appris le substantif, je le lui ferai analyser, et ainsi des autres parties du discours, à mesure qu'il avancera.

La	article simple, féminin, singulier, détermine lecture.
lecture	. . . .
la	article simple, féminin, singulier, détermine écriture.
écriture	. . . .
et	. . . .
la	article simple, féminin, singulier, détermine grammaire.
grammaire	. . . .
sont	. . . .
utiles	. . . .
aux	article masculin, pluriel, composé de *à*, préposition, et *les*, article, détermine hommes.
hommes.	. . . .

2e. EXERCICE.

La femme va *au* château.

La	article simple, féminin, singulier, détermine femme.
femme	. . . .
va	. . . .
au	article masculin, singulier, composé de *à*, préposition, et de *le*, article, détermine château.
château.	. . . .

3e. EXECICE.

Le tambour et les trompettes.

Le	article simple, masculin, singulier, détermine tambour.
tambour	. . . .
et	. . . .
les	article simple, féminin, pluriel, détermine trompettes.
trompettes.	. . . .

4e. EXERCICE.

Une femme est entrée *aux* quinze-vingts.

Une	espèce d'article féminin, singulier, détermine femme.
femme	. . . .
est entrée	. . . .
aux	article masculin, pluriel, composé de *à*, préposition, et *les*, article, détermine quinze-vingts.
quinze-vingts.	. . . .

CHAPITRE II.

SECONDE PARTIE DU DISCOURS.

Le Substantif.

Le *substantif* ou nom est un mot qui sert à nommer une personne ou une chose.

Il y a deux sortes de substantifs, le substantif *propre* et le substantif *commun*.

Thomas, *Jacques*, *Rouen*, *Paris*, *Bolbec*, sont des substantifs *propres* parce qu'ils ne conviennent qu'à un seul individu, ou à une seule chose.

La première lettre d'un substantif propre est toujours une lettre *majuscule*.

Table, *papier*, *rue*, *campagne*, sont des substantifs *communs*.

Les substantifs communs prennent les deux genres et les deux nombres.

Le *pluriel* dans les substantifs se forme en ajoutant *s* au singulier.

Exemples :

Singulier.	Pluriel.
La table.	Les tables.
Le papier.	Les papiers.
L'homme.	Les hommes.
La rue.	Les rues.
La campagne, etc.	Les campagnes.

On doit distinguer dans les noms communs ceux qui prennent le nom de substantifs collectifs généraux et de collectifs partitifs ; les premiers expriment par une seule émission de voix la réunion de plusieurs personnes ou de plusieurs choses ; les seconds, au contraire, expriment moins que l'unité ou moins que n'était composé un tout.

Exemples de collectifs généraux :

Armée, *forêt*, *peuple*, *flotte*, *etc.*

Il faut beaucoup de soldats pour former une armée.

Il faut beaucoup d'arbres, une vaste étendue de terrain pour former une forêt, etc.

Exemples de collectifs partitifs :

Le tiers, *le quart*, *le septième*, moins que l'unité.

Une quantité de cahiers, *une foule d'ouvriers*, *etc.*, pris dans un plus grand nombre.

Remarques :

Un grand nombre de substantifs ne forment point leur pluriel régulièrement, je vais en donner quelques exemples.

Les substantifs terminés au singulier par *al*, *ail* font leur pluriel en *aux*.

Exemples :

Singulier.	Pluriel.
Le cheval.	Les chevaux.
Le travail.	Les travaux.
Le mal.	Les maux.
Le maréchal, etc.	Les maréchaux.

Quelques substantifs terminés en *al*, *ail* forment leur pluriel régulièrement.

Exemples :

Singulier.	Pluriel.
L'éventail.	Les éventails.
Le portail.	Les portails.
Le régal.	Les régals.
L'épouvantail.	Les épouvantails.

Travail, fait aussi au pluriel *travails*, quand on veut désigner une machine de bois, dans laquelle les maréchaux attachent les chevaux fougueux pour les ferrer.

Travail, forme aussi son pluriel de la même manière, quand ce mot signifie le rapport qu'un ministre fait au souverain des affaires qui concernent son département; on dit alors : ce ministre a eu tant de *travails* ce mois-ci avec le roi.

Les noms terminés au singulier par *s*, *x* et *z*, n'ajoutent rien pour former leur pluriel.

Exemples :

Singulier.	Pluriel.
Le fils.	Les fils.
La voix.	Les voix.
Le nez.	Les nez.

Ceux qui sont terminés au singulier par *eau*, *eu*, prennent *x* au pluriel.

Exemples :

Singulier.	Pluriel.
Le chameau (1).	Les chameaux.
Le niveau.	Les niveaux.
Le lieu.	Les lieux.
Le feu, etc.	Les feux.

On supprime le *t* dans le pluriel des mots terminés en *ant* et en *ent*.

Exemples :

Singulier.	Pluriel.
L'enfant.	Les enfans.
Le géant.	Les géans.
Le commencement.	Les commencemens.
L'incident, etc.	Les incidens.

(1) Nous avons près de deux cent cinquante mots terminés en EAU, et nous n'en avons que treize terminés en AU : aloyau, bacaliau, boyau, cornuau, étau, gluau, gruau, hoyau, huyau, joyau, noyau, sarrau et tuyau.

On conserve le *t* au pluriel dans les monosyllabes en *ant* et en *ent*.

Exemples :

Singulier.	Pluriel.
Le gant.	Les gants.
La dent.	Les dents.

Cinq ou six noms terminés en *ou* prennent *x* au pluriel. Plusieurs grammairiens pensent qu'il vaudrait mieux former leur pluriel en *s*, ils ont raison, ce serait une exception de moins. Voici ces substantifs.

Singulier.	Pluriel.
Le caillou.	Les cailloux.
Le chou.	Les choux.
Le genou.	Les genoux.
Le hibou.	Les hiboux.
Le joujou.	Les joujoux.
Le verrou.	Les verroux.
Le pou.	Les poux.

Les autres substantifs en *ou* forment leur pluriel régulièrement, en ajoutant *s*.

Exemples :

Singulier.	Pluriel.
Le clou.	Les clous.
Le trou, etc.	Les trous.

Aïeul, fait	aïeux.
Ciel,	cieux.
OEil,	yeux.
Bétail,	bestiaux.

Les noms propres deviennent des noms communs, quand on comprend dans ces noms toutes les personnes qui ressemblent à celles qui les ont portés.

Exemples :

Ils sont tous braves comme des *Napoléons*.

Tous les siècles n'enfantent pas des *Voltaires*, des *Racines*, des *Rousseaux*, etc.

Plusieurs substantifs s'écrivent au pluriel comme au singulier.

Exemples :

Un alibi.	Des alibi.
Un alinéa.	Des alinéa.
Un duo.	Des duo.
Un errata.	Des errata.
Un zéro, etc.	Des zéro.

D'autres manquent de singulier.

Exemples :

Ancêtres, broussailles, mœurs, funérailles, matériaux, etc.

D'autres, enfin, ne s'emploient qu'au singulier.

Exemples :

La faim, la soif, la valeur, l'innocence, le courage, etc.

L'usage seul peut faire connaître ces substantifs.

Analyse de l'Article et du Substantif (1).

1er. EXERCICE.

La lecture, l'écriture et la grammaire sont utiles aux hommes.

La	article simple féminin singulier, détermine lecture.
lecture	substantif commun, féminin singulier.
la	article simple, féminin singulier, détermine écriture.
écriture	substantif commun, féminin singulier.
et	. . .
la	article simple, féminin singulier, détermine grammaire.
grammaire	substantif commun, féminin singulier.

(1) Dans cette première partie, je ne dirai rien sur les sujets, ni sur les régimes. Je considère les élèves comme n'étant pas encore assez avancés. Je désire, avant d'arriver à ces explications, qui sont le complément de l'Analyse grammaticale, leur faire analyser les dix parties du Discours ; lorsqu'ils connaîtront bien ces premiers principes, que les Instituteurs varieront à l'infini, on les fera passer aux Analyses de la seconde partie.

sont	. . . . .
utiles	. . . . .
aux	article masculin pluriel, composé de *à*, préposition, et de *les*, article.
hommes.	substantif commun, masculin pluriel.

2e. EXERCICE.

La femme va au château.

La	article simple féminin singulier, détermine femme.
femme	substantif commun féminin singulier.
va	. . . .
au	article masculin singulier, composé de *à*, préposition et de *le*, article.
château.	substantif commun masculin singulier.

3e. EXERCICE.

Le tambour et les trompettes.

Le	article simple masculin singulier, détermine tambour.
tambour	substantif commun masculin singulier.
et	. . . .
les	article simple féminin pluriel, détermine trompettes.
trompettes.	substantif commun féminin pluriel.

4e. EXERCICE.

Une femme est entrée aux quinze-vingts.

Une	espèce d'article féminin singulier, détermine femme.
femme	substantif commun féminin singulier.

est entrée	. . . .
aux	article masculin pluriel, composé de *à*, préposition et de *les*, article, détermine quinze-vingts.
quinze-vingts.	substantif composé masculin pluriel.

CHAPITRE III.

TROISIÈME PARTIE DU DISCOURS.

L'Adjectif.

L'*Adjectif* est un mot qui se joint au substantif pour en faire connaître la *qualité* ou la *quantité*.

On connaît qu'un mot est *Adjectif* quand on peut y joindre le mot *personne* ou *chose*.

Exemple :

Chose *agréable*. Personne *habile*.

L'*Adjectif* est toujours du même genre et du même nombre que le substantif qu'il qualifie.

Joli, laid, grand, lourd, un, deux, dix, cent, *sont des adjectifs*.

Formation du Pluriel dans les Adjectifs.

Le *pluriel*, dans les *adjectifs*, se forme comme dans les substantifs, en ajoutant *s*, au singulier.

Exemples :

Singulier.	Pluriel.
Joli.	Jolis.
Grand.	Grands.
Lourd, etc.	Lourds.

Formation du Féminin.

Quand un adjectif ne finit point par un *e* muet au *masculin*, on en ajoute un pour former le *féminin*.

Exemples :

Masculin.	Féminin.
Joli.	Jolie.
Grand.	Grande.
Lourd.	Lourde.
Petit, etc.	Petite.

Exceptions :

Les *adjectifs* dont le masculin est terminé en *eur*, forment leur féminin de diverses manières.

Les adjectifs suivans le forment régulièrement.

Masculin.	Féminin.
Antérieur,	antérieure.
Citérieur,	citérieure.
Extérieur,	extérieure.
Inférieur,	inférieure.
Intérieur,	intérieure.
Majeur,	majeure.
Meilleur,	meilleure.
Mineur, etc.	mineure.

Le mot *imposteur* ne s'emploie point au féminin, soit comme substantif, soit comme adjectif.

REMARQUES. Les adjectifs en *eur*, formés d'un participe présent par le changement de *ant* en *eur*, font leur féminin en *euse*.

Ces adjectifs sont souvent employés comme substantifs.

Exemples :

Participe présent.	Adjectifs masculins.	Adjectifs féminins.
Trompant,	trompeur,	trompeuse.
Mentant,	menteur,	menteuse.
Quêtant,	quêteur	quêteuse.
Polissant,	polisseur,	polisseuse.
Connaissant,	connaisseur,	connaisseuse.
Chantant,	chanteur,	chanteuse.
Jouant,	joueur,	joueuse.

D'autres adjectifs en *eur* changent *eur* en *trice*, pour former leur féminin.

Exemples :

Masculin.	Féminin.
Amateur,	amatrice (1).
Ambassadeur,	ambassadrice.
Acteur,	actrice.
Instituteur,	institutrice.
Bienfaiteur,	bienfaitrice.
Protecteur,	protectrice, etc.

Mais,

Gouverneur, fait	gouvernante.
Serviteur,	servante.
Chasseur,	chasseuse,

Chasseuse dans le style ordinaire, et chasseresse dans le style poétique.

Adjectifs qui doublent leur dernière *consonne* avant de prendre l'*e muet.*

Bon,	bonne.
Sot,	sotte.
Épais,	épaisse.
Douillet,	douillette.
Partisan,	partisanne.
Paysan,	paysanne, etc.

Cependant,

Sultan, fait	sultane.
Anglican,	anglicane.
Océan,	océane.
Mahométan,	mahométane.
Persan, etc.	persane.

Voyez la table suivante pour un grand nombre d'adjectifs :

---

(1) J. J. Rousseau a employé le féminin amatrice : « à Paris, le riche sait tout ; il n'y a d'ignorant que le pauvre : cette capitale est pleine d'amateurs et surtout d'amatrices, qui font leurs ouvrages comme M. Guillaume faisait ses couleurs ».

M. Boniface dit que ce mot est approuvé par les règles de la néologie (*).

Linguet, Domergue, et d'autres savans l'ont également employé.

(*) Emploi de mots nouveaux, ou d'anciens dans un nouveau sens.

Masculin.	Féminin.	Masculin.	Féminin.
Absous,	absoute.	Jaloux,	jalouse.
Beau,	belle.	Jouvenceau,	jouvencelle.
Bénin,	bénigne.	Long,	longue.
Blanc,	blanche.	Malin,	maligne.
Caduc,	caduque.	Mou,	molle.
Doux,	douce.	Maître,	maîtresse.
Époux,	épouse.	Nouveau,	nouvelle.
Faux,	fausse.	Public,	publique.
Favori,	favorite.	Roux,	rousse.
Fou,	folle.	Sec,	sèche.
Frais,	fraîche.	Tiers,	tierce.
Franc,	franche.	Turc,	turque.
Grec,	grecque.	Vieux,	vieille.

Degrés de Signification dans les Adjectifs.

Il y a trois *degrés* de signification.

Le 1er. est appelé *positif*; c'est l'adjectif dans sa simple signification.

Exemples :

Bon, mauvais, tendre, etc.

Cet homme est *bon*; cet habit est *mauvais*; cette poire est *tendre*.

Le 2e. est appelé *comparatif*, il sert à comparer les personnes ou les choses.

Il y a trois comparatifs : le comparatif *d'égalité*, d'*infériorité* et de *supériorité*.

Le 1er. s'emploie en mettant les adverbes *autant*, *aussi* devant l'adjectif, et la conjonction *que* après.

Exemple :

L'œillet est *aussi* beau *que* la tulipe.

Le 2e. s'emploie en mettant l'adverbe *moins* avant l'adjectif et la conjonction *que* après.

Exemple :

La violette est *moins* belle *que* l'œillet.

Le 3e. s'emploie eu mettant l'adverbe *plus* avant l'adjectif et la conjonction *que* après.

Exemple :

La tulipe est *plus* belle *que* la violette.

Le troisième degré de signification est l'adjectif exprimant la qualité portée au *suprême degré*, soit en *plus*, soit en *moins*.

On en distingue de deux sortes : le superlatif *relatif*, et le superlatif *absolu*.

Le superlatif *relatif* se forme en plaçant *le*, *la*, *les*, *du*, *de la*, *des*, *mon*, *ton*, *son*, *notre*, *votre*, *leur*, avant les mots : *plus*, *pire*, *meilleur*, *moindre*, *mieux* et *moins*.

Exemples :

« La *plus* douce consolation d'un homme de bien « affligé, c'est la pensée de son innocence. »

BOSSUET, *Sermon du Jeudi de la Passion.*

« La *pire* des bêtes est le tyran. »

MARMONTEL.

Le superlatif *absolu* marque excès à un degré plus ou moins élevé ; mais il exprime cette qualité d'une manière absolue, sans aucune comparaison ; il se forme en plaçant un de ces mots avant l'adjectif.

Fort, *très*, *bien*, *infiniment*, *extrêmement*, *le plus*, *le moins*, *le mieux*.

Exemples :

« C'est sur le dos que les sangliers ont la peau *le plus* dure. » LEMARE.

« Il s'est baigné dans l'endroit où les eaux sont *le moins* rapides. » LE MÊME.

Le style de Racine est *très* riche, *extrêmement* coulant et *infiniment* doux.

Adjectifs qui tombent sous les sens.

Amer, doux, fade, gras, huileux, etc.

Nous avons cinq sens.

1°. *Le goûter*, la bouche.

2°. *La vue*, les yeux.

3°. *L'ouie*, les oreilles.

4°. *L'odorat*, le nez.

5°. *Le toucher*, les mains.

Je puis dire qu'un fruit est *amer*, *doux*, *fade*, donc ces adjectifs sont des adjectifs physiques qui tombent sous le sens du *goûter*, etc.

Les adjectifs qui ne tombent point sous les sens, se nomment adjectifs métaphysiques ; ce sont : *grand*, *petit*, *premier*, etc.

Il n'y a rien de grand, rien de petit, rien de premier.

On dit qu'une chose est grande, parce qu'on la compare avec une autre qui l'est moins, si cette chose qu'on a appelée grande, était comparée ensuite avec une autre moitié plus grande, elle serait la petite, cependant elle n'aurait point changé ; mais seulement l'objet qui lui serait comparé ; il en est de même de tous les adjectifs métaphysiques.

Adjectifs possessifs.

Ces adjectifs marquent la *possession*.

Exemples :

Singulier Masculin.	Singulier Féminin.	Pluriel des deux genres.
Mon.	Ma.	Mes.
Ton,	Ta.	Tes.
Son.	Sa.	Ses.
Notre.	Notre.	Nos.
Votre.	Votre.	Vos.
Leur.	Leur.	Leurs.

Ceux qui servent à montrer les personnes ou les choses, se nomment adjectifs *démonstratifs*.

Exemples :

Ce, *cet*, pour le singulier masculin.

Cette, pour le singulier féminin.

Ces, pour le pluriel des deux genres.

Enfin, ceux qui indiquent des rapports aux nombres se nomment adjectifs de *nombre*.

Il y en a de deux sortes.

1°. Les adjectifs de nombre *cardinal*: un, deux, trois, quatre, cinq, six, sept, huit, neuf, dix, cent, mille, etc.

2°. Les adjectifs de nombre *ordinal*; ces adjectifs se forment des cardinaux, en y ajoutant *ième*; un, unième, premier; deux, deuxième, second; trois, troisième; quatre, quatrième; cinq, cinquième; six, sixième; cent, centième, etc.

L'adjectif se place avant ou après le substantif; l'usage est la seule règle à cet égard.

ANALYSE.

(Article, Substantif et Adjectif.)

Les grandes batailles, que les Français ont gagnées, n'ont point agrandi leur Empire.

Les	article simple féminin pluriel, détermine batailles.
grandes	adjectif féminin pluriel au positif, qualifie batailles.
batailles	substantif commun féminin pluriel.
que	. . . .
les	article simple masculin pluriel, détermine français.
Français	substantif commun masculin pluriel.
ont gagnées	. . . .
ne	. . . .
ont	. . . .
point	. . . .
agrandi	. . . .
leur	adjectif possessif, masculin, singulier.
empire	substantif commun masculin singulier.

CHAPITRE IV.

QUATRIÈME PARTIE DU DISCOURS.

Le Pronom.

Le *Pronom* est un mot qui se met à la place du nom pour en éviter la répétition.

Les pronoms sont toujours de la même personne, du même genre et du même nombre que le nom qu'ils remplacent.

Il y a *six sortes* de pronoms.

1°. Les pronoms personnels.
2°. possessifs.
3°. démonstratifs.
4°. relatifs.
5°. interrogatifs.
et 6°. indéfinis.

1°. Pronoms Personnels.

Les pronoms personnels sont ceux qui suppléent au nom des *personnes*.

Il y a trois personnes.

La première personne est celle *qui* parle.

Exemples :

Singulier.	Pluriel.
Je marche.	Nous marchons.
Je mange.	Nous mangeons.

La 2e. personne est celle à *qui* l'on parle.

Exemples :

Singulier.	Pluriel.
Tu marches.	Vous marchez.
Tu manges.	Vous mangez.

2.

La 3e. personne est celle *de qui* l'on parle.

Exemples :

Singulier.	Pluriel.
Il ou elle marche.	Ils ou elles marchent.
Il ou elle mange.	Ils ou elles mangent.

Ainsi les pronoms personnels sont :

Je	Nous	Moi	Me
Tu	Vous	Toi	Te
Il	Ils	Soi	Se
Elle	Elles	Lui	Eux

Le pronom *vous*, pronom de la seconde personne plurielle, s'emploie par politesse au singulier.

Exemple :

Vous êtes bien aimable.

Dans tous les cas semblables, il faut écrire le verbe au pluriel et l'adjectif au singulier, parce que cet adjectif ne qualifie qu'une personne.

2°. Pronoms Possessifs.

Ces pronoms sont ceux qui marquent la *possession* des personnes ou des choses.

Exemples :

Singulier. Masculin.	Féminin.	*Pluriel.* Masculin.	Féminin.
Le mien.	La mienne.	Les miens.	Les miennes.
Le tien.	La tienne.	Les tiens.	Les tiennes.
Le sien.	La sienne.	Les siens.	Les siennes.
		Des deux genres.	
Le nôtre.	La nôtre.	Les nôtres.	
Le vôtre.	La vôtre.	Les vôtres.	
Le leur.	La leur.	Les leurs.	

REMARQUE. Les pronoms *nôtre*, *vôtre* s'écrivent avec un accent circonflexe sur l'o, pour ne pas les confondre avec les adjectifs *notre*, *votre* qui n'en prennent point.

3°. Pronoms Démonstratifs.

Ces pronoms servent à *montrer* les personnes ou les choses.

Exemples :

Singulier.		Pluriel.	
Masculin.	Féminin.	Masculin.	Féminin.
Celui.	Celle.	Ceux.	Celles.
Celui-ci.	Celle-ci.	Ceux-ci.	Celles-ci.
Celui-là.	Celle-là.	Ceux-là.	Celles-là.
Ce, ceci, cela.			

4°. Pronoms Relatifs.

Ces pronoms ont toujours rapport à un *substantif* ou à un *pronom* qui les précède et qu'on appelle antécédent.

Exemples :

Singulier.		Pluriel.	
Masculin.	Féminin.	Masculin.	Féminin.
Lequel.	Laquelle.	Lesquels.	Lesquelles.

Qui, *que*, *quoi*, *dont* sont également des pronoms relatifs, qui prennent les deux genres et les deux nombres ; les deux premiers s'emploient pour lequel, laquelle lesquels, lesquelles.

Exemple :

L'homme que je regardais, pour lequel je regardais.

Quoi, employé comme pronom *relatif*, tient lieu du pronom lequel, laquelle.

Exemple :

La chose *à quoi (pour à laquelle)*, l'avare pense le moins, c'est qu'il mourra un jour.

Il est pronom *absolu* quand il s'emploie sans antécédent ; il signifie quelle chose, et il est d'usage dans les phrases interrogatives, ou qui marquent le doute ou l'incertitude.

Exemple :

Quoi de plus satisfaisant pour des parens que des enfans sages ?

Les adjectifs qui se rapportent à ce pronom sont toujours au masculin et au singulier.

On dit *duquel* pour *de lequel*.

Exemple :

Le service *duquel* il s'est prévalu.

On dit *auquel* pour *à lequel.*

Exemple :

Je parlerai *auquel* vous voudrez.

On dit *auxquels* pour *à lesquels.*

Exemple :

Les soldats *auxquels* il s'est réuni.

Dont s'emploie pour duquel, de laquelle, desquels, desquelles.

Exemple :

Dieu, *dont* nous admirons les œuvres, pour *duquel* nous admirons les œuvres.

Le, *la*, *les* placés devant un verbe s'appellent aussi pronoms relatifs.

Exemples :

Je *le* regardais ; c'est-à-dire : je regardais *lui.*

Je *la* voyais ; c'est-à-dire : je voyais *elle.*

Je *les* écoute ; c'est-à-dire : j'écoute *eux*, j'écoute *elles.*

5°. Pronoms Interrogatifs.

Ces pronoms servent à *interroger.*

Exemples :

Qui, *que*, *quoi*, *où.* *Qui* êtes-vous ? *Que* voulez-vous ?

A quoi vous occupez-vous ? (à quelle chose, etc.)

Où voulez-vous aller ? (en quel lieu voulez-vous aller.)

6°. Pronoms Indéfinis.

Ces pronoms ont une signification vague et indéterminée.

Exemples :

On, *quiconque*, *chacun*, *nul*, *tel*, *pas un*, *qui que ce soit*, *etc.*

On demande à manger.

Chacun finira son ouvrage.

Tel qui danse aujourd'hui, gémira demain.

Qui que ce soit qui vienne, vous m'appellerez.

Quiconque entrera, sera puni.
Nul ne sait s'il vivra encore demain.
Pas un n'est arrivé.

Le pronom *il*, employé devant un verbe unipersonnel, s'appelle pronom *absolu*, parce qu'il ne peut être remplacé par aucun nom.

Les pronoms *Je*, *tu*, *nous*, *vous*, *me*, *te*, *se*, *moi*, s'emploient au *masculin* et au *féminin*.

Exemples :

Une femme dit : *je* marche. Un homme dit également : *je* marche, etc.

ANALYSE.

(Article, Substantif, Adjectif, Pronom.)

Le cheval qne je regardais, lorsque vous êtes arrivé, était joli.

Le	article simple masculin singulier, détermine cheval.
cheval	substantif commun masculin singulier.
que	pronom relatif, 3e. personne, de tout genre et de tout nombre, mais ici masculin singulier parce qu'il se rapporte à cheval.
je	pronom personnel, 1re. personne masculin singulier (1).
regardais	. . . .
lorsque	. . . .
vous	pronom personnel, 2e. personne masculin pluriel.
êtes arrivé	. . . .
était	. . . .
joli.	adjectif masculin singulier au positif, qualifie cheval.

(1) Lorsqu'on ignore à quel genre appartient le pronom, comme dans l'exercice ci-dessus, on le met au masculin.

CHAPITRE V.

CINQUIÈME PARTIE DU DISCOURS.

Le Verbe.

Le *verbe* est un mot qui exprime que l'on *est*, ou que l'on *fait* quelque chose.

Tout mot devant lequel on peut placer les pronoms : *Je*, *tu*, *il*, *elle*, *nous*, *vous*, *ils*, *elles*, est un *verbe*.

Des Temps.

Tous les jugemens que nous portons des choses qui sont l'objet de nos pensées, se rapportent à un temps *présent*, *passé* ou *futur*, parce que la durée ne peut se diviser qu'en trois parties, qui sont *l'instant* de la parole, celui qui le *précède* et celui qui le *suit*. Cette circonstance de Temps ne change rien à la nature du sujet, ni à celle de l'attribut ; elle ne modifie que l'affirmation exprimée par le verbe.

C'est donc en modifiant le verbe, et lui donnant des formes différentes, que l'on peut exprimer ces diverses circonstances de temps. Ainsi nous disons il *neige*, s'il s'agit d'exprimer que l'action se fait *présentement* ; il a neigé, s'il s'agit d'exprimer qu'elle a eu lieu ; et il neigera, s'il s'agit d'exprimer qu'elle *se fera*.

(M. SYLVESTRE DE SACY, *Grammaire générale*, page 158.)

Il y a donc trois *temps*.

1°. Le *présent*, qui marque qu'une chose *est*, ou se *fait* actuellement.

2°. Le *passé*, qui marque qu'une chose *a été faite*.

Et 3°. Le *futur*, qui marque qu'une chose se *fera*.

Outre ces trois temps, il y en a encore trois autres, qui sont : les temps *primitifs*, les temps *dérivés* et les temps *composés*.

1°. Les temps *primitifs* sont ceux qui n'étant formés d'aucun autre temps, forment les temps *dérivés*.

Ces temps sont :

1°. L'*infinitif présent*.	Aimer.
2°. Le *participe présent*.	Aimant.
3°. Le *participe passé*.	Aimé.
4°. Le *présent* de *l'indicatif*.	J'aime.
Et 5°. Le *prétérit défini*.	J'aimai.

2°. Les temps *dérivés* sont :

1°. L'*Imparfait* de *l'indicatif*, qui se forme du participe présent en changeant *ant* en *ais*.

Exemples :

Participe présent.	Imparfait de l'indicatif.
Chantant	je chantais.
Buvant	je buvais.
Lisant	je lisais, etc.

Exceptions :

Sachant	je savais.
Ayant	j'avais.

2°. Le *futur simple* se forme de l'infinitif présent en ajoutant *ai* aux trois premières conjugaisons, et en changeant *e* en *ai* pour la quatrième.

Exemples :

Infinitif présent.	Futur simple.
Aimer	j'aimerai.
Finir	je finirai.
Prévoir	je prévoirai.
Prendre	je prendrai.

Exceptions :

Aller	j'irai.
Venir	je viendrai.
Avoir	j'aurai.
Être	je serai, etc.

3°. Le *conditionnel présent* se forme du présent de l'infinitif en ajoutant *ais*, ou bien en ajoutant *s* au futur on forme invariablement le conditionnel présent. — Il n'y a point d'exceptions pour le futur.

Exemples :

Présent de l'infinitif.	Futur simple.	Conditionnel présent.
Marcher	je marcherai	je marcherais.
Sortir	je sortirai	je sortirais.
Devoir	je devrai	je devrais.
Prendre	je prendrai	je prendrais.

4°. L'*impératif* se forme de la première personne du présent de l'indicatif, en ôtant seulement le pronom *je*.

Exemples :

Indicatif présent.	Impératif.
Je chante	chante.
Je sers	sers.
Je dois	dois.
Je prends	prends.

Exceptions :

Je suis	sois.
J'ai	aie.
Je sais	sache.
Je vais	va.

5°. Le *présent* du *subjonctif* se forme du participe présent en changeant *ant* en un *e* muet.

Exemples :

Participe présent.	Présent du subjonctif.
Chantant	que je chante.
Sortant	que je sorte.
Sachant	que je sache.
Vendant	que je vende, etc.

Exceptions :

Aller	que j'aille.
Prévenant	que je prévienne.
Devant	que je doive.
Faisant	que je fasse, etc.

6°. L'*imparfait du subjonctif* se forme du prétérit défini en changeant *ai* en *asse* pour la première conjugaison, et en ajoutant seulement *se* pour les trois autres conjugaisons, qui ont leur prétérit défini terminé en *ins*, *us* et *is*.

Exemples :

Prétérit défini.	Imparfait du subjonctif.
Je portai,	Que je portasse.
Je vins,	Que je vinsse.
Je dus,	Que je dusse.
Je pris,	Que je prisse.

3°. Les *temps composés* sont ceux qui sont formés de l'auxiliaire *être* ou *avoir* et du *participe passé* du verbe que l'on conjugue.

Exemples :

J'ai aimé. Je suis venu. J'eus du. J'avais pris.

Il y a *cinq* choses à remarquer dans les verbes ; savoir :

1°. La personne.
2°. Le nombre.
3°. Le temps.
4°. Le mode.
5°. La conjugaison.

Explications :

1°. La *personne* d'un verbe se connaît par le pronom qui est placé devant le verbe, ou qui pourrait y être placé (1).

2°. Le *nombre*, marque le singulier ou le pluriel.

3°. Le *temps*, marque si le verbe est employé au présent, au passé ou au futur.

4°. Le *mode*.

Il y a cinq *modes* ou manières de signifier dans les verbes.

I. L'*indicatif*, qui marque qu'une chose *est*, *a été*, ou *sera*.

Exemples :

Je mange. J'ai mangé. Je mangerai.

II. Le *conditionnel*, qui marque qu'une chose aurait eu lieu, moyennant une *condition*.

---

(1) Voyez les personnes, page 33.

Exemple :

Je mangerais, etc.

III. L'*impératif*, qui s'emploie quand on *commande*.

Exemple :

Mange, etc.

IV. Le *subjonctif*, qui s'emploie quand on *souhaite*, ou qu'on *doute* qu'une chose ait lieu.

Exemples :

Que je mange — que je mangeasse.
Que j'aie mangé — que j'eusse mangé.

Et V. L'*infinitif*, qui s'emploie sans nombres, ni personnes ; l'infinitif, c'est le nom du verbe.

Exemples :

Manger. Sortir. Apercevoir. Prendre, etc.

5°. La *Conjugaison*.

Il y a quatre conjugaisons différentes, que l'on connait par la terminaison de leur infinitif.

La première a le présent de l'infinitif terminé en *er*, comme *manger*.

La seconde a le présent de l'infinitif terminé en *ir*, comme *venir*.

La troisième a le présent de l'infinitif terminé en *oir*, comme *pouvoir*.

La quatrième a le présent de l'infinitif terminé en *re*, comme *vendre*.

Des différentes sortes de Verbes.

Il y a *six* sortes de verbes, savoir :

1°. Les verbes *auxiliaires*.
2°. Les verbes *actifs*.
3°. Les verbes *neutres*.
4°. Les verbes *passifs*.
5°. Les verbes *réfléchis*, *réciproques*, *pronominaux*.
Et 6°. Les verbes *unipersonnels*.

Explications sur chaque espèce de Verbes.

1°. Les verbes *auxiliaires* ÊTRE et AVOIR sont deux verbes qui aident à conjuguer les autres, dans leurs temps composés.

On donne au premier, quand il est employé seul, le nom de verbe *substantif*, parce qu'il ne signifie par lui-même que l'affirmation sans attribut, de même que le substantif ne signifie que l'objet sans avoir égard à ses qualités. On donne au second, quand il est également employé seul, le nom de verbe *actif*.

2°. Les verbes *actifs* sont ceux qui expriment une action qui tombe sur un objet. Ces verbes ont ou peuvent avoir un régime *direct*.

Exemples :

J'écris une *lettre*. Je donne du *pain*.

On peut mettre les mots quelqu'un ou quelque chose après le présent de l'indicatif (1).

3°. Les verbes *neutres* expriment une action faite par le sujet et dont l'objet ne saurait être direct; ainsi le verbe neutre n'a jamais de régime direct, et ne peut prendre la voix passive puisqu'il n'y a que les verbes qui aient un régime direct qui en soient susceptibles.

Exemples :

Je dors dans mon lit. Je nuis à mon ami.

On ne peut point mettre quelqu'un ou quelque chose après le verbe neutre.

4°. Les verbes *passifs* sont ceux qui présentent le sujet comme recevant, comme souffrant une action qui n'a point d'objet direct.

Le participe passé d'un verbe actif conjugué dans tous

(1) Je dis après le présent de l'indicatif, pour que les enfans ne croient pas que dans faire tomber, laisser courir, les verbes tomber, courir sont actifs, parce qu'on dit : faire tomber quelqu'un, laisser courir quelqu'un.

les temps de l'auxiliaire *être*, forme avec cet auxiliaire un verbe passif (1).

Exemples :

Je suis *aimé* ou *aimée*. J'étais *châtié* ou *châtiée*, etc.

5°. Les verbes *réfléchis* sont ceux qui expriment que l'action d'un sujet agit sur lui-même. Le sujet et le régime, soit direct, soit indirect, expriment la même personne ou la même chose.

Exemples :

Je me rappelle.	Nous nous ennuyons.
Tu te maudis.	Il se ruine.

Ces verbes sont toujours accompagnés des pronoms *me*, *te*, *se*, *nous*, *vous*.

Les verbes *pronominaux* se conjuguent comme les verbes *réfléchis*, avec les pronoms *me*, *te*, *se*, *nous*, *vous*.

Exemples :

S'abstenir.	S'ébouler.	S'ingérer.
S'accouder.	S'écrouler.	Se mécompter.
S'accroupir.	S'embusquer.	Se méfier.
S'acharner.	S'emparer.	Se méprendre.
S'acheminer.	S'en aller.	Se moquer.
S'adonner.	S'encanailler.	S'opiniâtrer.
S'agenouiller.	S'enquérir.	Se parjurer.
S'agriffer.	S'enquêter.	Se prosterner.
S'aheurter.	S'en retourner.	Se racquitter.
S'amouracher.	S'escrimer.	Se ratatiner.
S'arroger.	S'estomaquer.	Se raviser.
S'attrouper.	S'évader.	Se rebeller.
Se blottir.	S'évanouir.	Se rébecquer.
Se cabrer.	S'évaporer.	Se récrier.
Se carrer.	S'évertuer.	Se rédimer.
Se comporter.	S'extasier.	Se réfrogner.

(1) Le verbe OBÉIR fait exception. On dit : Je veux être obéi, quoique l'on ne dise pas : J'obéis quelqu'un.

Le verbe actif AVOIR fait aussi exception. On ne dit pas en parlant de quelqu'un ou de quelque chose : Il est eu, ou elle est eue.

Se défier.	Se formaliser.	Se réfugier.
Se dédire.	Se gargariser.	Se remparer.
Se démener.	Se gendarmer.	Se rengorger.
Se désister.	S'immiscer.	Se repentir.
Se dévergonder.	S'industrier.	Se souvenir.
S'ébahir.	S'ingénier.	

Tous les verbes *pronominaux* prennent le verbe *être* dans leurs temps composés ; mais ce verbe est employé pour *avoir*.

Exemple :

Je me suis prosterné, pour J'ai prosterné moi.

Le second pronom est toujours régime direct.

Les verbes *réciproques* ne se conjuguent qu'au pluriel ; ils expriment l'action de plusieurs sujets qui agissent les uns sur les autres.

Exemples :

Ces quatre soldats se *disputaient* et se *poussaient* avec colère.

Tous les élèves *devraient* s'aimer.

Et 6°. les verbes *unipersonnels* sont ceux que l'on n'emploie qu'à la troisième personne du singulier.

Exemples :

Il neige. Il pleut, etc.

Remarque. Tous les verbes de la seconde personne singulier finissent toujours par *s*, excepté à l'impératif des verbes de la première conjugaison, et de quelques-uns de la seconde.

Exemples :

Tu marches, tu cours, tu dois, tu prends.

Le verbe *pouvoir* peut prendre *x* à la première personne singulier du présent de l'indicatif ; on peut dire : Je *peux*, je puis ; on dit : Tu peux.

Le verbe *vouloir* prend *x* à la même personne ; on dit : Je *veux*, tu *veux*, ... il *veut*.

Principe Général.

Le verbe *avoir* sert à former les temps composés des verbes qui expriment l'*action*.

Exemples :

J'ai écrit, j'ai mangé, j'avais dormi, j'aurai jardiné, etc.

Le verbe *être* sert à former les temps composés des verbes qui expriment l'*état*.

Exemples :

J'étais tombé. Je suis arrivé, etc.

Remarque. Des six cents verbes neutres, ou environ, qui existent dans notre langue, il y en a plus de cinq cent cinquante qui prennent l'auxiliaire *avoir*, parce qu'ils expriment une *action*.

Verbes réguliers.

Le verbe *régulier* est réputé tel lorsque, dans tous ses modes et dans tous ses temps, il prend exactement toutes les formes qui appartiennent à l'une des quatre conjugaisons.

Exemples :

Aimer.	Aimant.	Aimé.	J'aime.	J'aimai.
Rompre.	Rompant.	Rompu.	Je romps.	Je rompis

Verbes irréguliers.

Le verbe *irrégulier* est celui qui prend des formes différentes de celles qui caractérisent la conjugaison à laquelle il appartient.

Exemples :

Aller.	Allant.	Allé.	Je vais.	J'allai.
Voir.	Voyant.	Vu.	Je vois.	Je vis.

Verbes défectueux.

Le verbe *défectueux* est celui auquel il manque un ou plusieurs temps, ou seulement quand un de ses temps n'est point employé à toutes les personnes.

Exemples :

INFINITIF présent.	PARTICIPE présent.	PARTICIPE passé.	INDICATIF présent.	PRÉTÉRIT défini.
Braire. . .	Brayant. .	. . . . .	Il brait . .	. . . . . .
Paître. . .	Paissant. .	. . . . . .	Je pais . .	. . . . . .
Luire. . .	Luisant .	Lui. . . .	Je luis. . .	. . . . . .
Circoncire	. . . . .	Circoncis.	Je circoncis.	Je circoncis.
Surseoir. .	. . . . .	Sursis. . .	Je surseois	Je sursis.
Clorre. . .	. . . . .	Clos . . .	Je clos . .	. . . . . .
Absoudre.	Absolvant	Absous.	J'absous. .	. . . . .

Le verbe *haïr* prend deux points sur l'*i* et forme deux syllabes, excepté au présent de l'indicatif :

Je hais, tu hais, il ou elle hait.

Et à la seconde personne singulier de l'impératif: *hais*. il faut prononcer : Je hès, tu hès, il ou elle hèt, hès.

CONJUGAISON

DU VERBE AUXILIAIRE *AVOIR* (1).

Temps primitifs : Avoir, ayant, eu, j'ai, j'eus.

INDICATIF.

PRÉSENT.

Sing. J'ai.
Tu as.
Il ou elle a.
Plur. Nous avons.
Vous avez.
Il ou elles ont.

(1) Le verbe AVOIR a ceci de particulier que, tandis que la plupart des autres verbes ont besoin de lui pour former leurs temps composés, il est le seul qui trouve en lui-même de quoi former les siens.

IMPARFAIT.

J'avais.
Tu avais.
Il ou elle avait.
Nous avions.
Vous aviez.
Ils ou elles avaient.

PRÉTÉRIT DÉFINI.

J'eus.
Tu eus.
Il ou elle eut.
Nous eûmes (1).
Vous eûtes.
Ils ou elles eurent.

PRÉTÉRIT INDÉFINI (2).

J'ai eu.
Tu as eu.
Il ou elle a eu.
Nous avons eu.
Vous avez eu.
Ils ou elles ont eu.

PRÉTÉRIT ANTÉRIEUR.

J'eus eu.
Tu eus eu.
Il ou elle eut eu.
Nous eûmes eu.
Vous eûtes eu.
Ils ou elles eurent eu.

PLUSQUE-PARFAIT.

J'avais eu.
Tu avais eu.
Il ou elle avait eu.
Nous avions eu.
Vous aviez eu.
Ils ou elles avaient eu.

FUTUR SIMPLE.

J'aurai.
Tu auras.
Il ou elle aura.
Nous aurons.
Vous aurez.
Ils ou elles auront.

FUTUR COMPOSÉ.

J'aurai eu.
Tu auras eu.
Il ou elle aura eu.
Nous aurons eu.
Vous aurez eu.
Ils ou elles auront eu.

CONDITIONNEL.

PRÉSENT.

J'aurais.
Tu aurais.
Il ou elle aurait.
Nous aurions.
Vous auriez.
Ils ou elles auraient.

1er. PASSÉ.

J'aurais eu.
Tu aurais eu.
Il ou elle aurait eu.
Nous aurions eu.
Vous auriez eu.
Ils ou elles auraient eu.

2e. CONDITIONNEL PASSÉ.

J'eusse eu.
Tu eusses eu.

(1) La première et la seconde personne plurielle du prétérit défini prennent un accent circonflexe sur la voyelle qui termine l'avant dernière syllabe.
(2) Voyez la conjugaison du verbe MANGER, pour les différens temps passés.

Il ou elle eût eu (1).
Nous eussions eu.
Vous eussiez eu.
Ils ou elles eussent eu.

IMPÉRATIF.

PRÉSENT.

Point de première personne au singulier, parce qu'on ne peut pas se commander à soi-même.
Aie.
Qu'il ou qu'elle ait.
Ayons.
Ayez.
Qu'ils ou qu'elles aient.

SUBJONCTIF.

PRÉSENT OU FUTUR.

Que j'aie.
Que tu aies.
Qu'il ou qu'elle ait.
Que nous ayons.
Que vous ayez.
Qu'ils ou qu'elles aient.

IMPARFAIT.

Que j'eusse.
Que tu eusses.
Qu'il ou qu'elle eût (2).
Que nous eussions.
Que vous eussiez.
Qu'ils ou qu'elles eussent.

PRÉTÉRIT.

Que j'aie eu.
Que tu aies eu.
Qu'il ou qu'elle ait eu.
Que nous ayons eu.
Que vous ayez eu.
Qu'ils ou qu'elles aient eu.

PLUSQUE-PARFAIT.

Que j'eusse eu.
Que tu eusses eu.
Qu'il ou qu'elle eût eu.
Que nous eussions eu.
Que vous eussiez eu.
Qu'ils ou qu'elles eussent eu.

INFINITIF.

PRÉSENT.

Avoir.

PRÉTÉRIT.

Avoir eu.

PARTICIPE.

PRÉSENT.

Ayant.

PASSÉ.

Eu (3), ayant eu.

FUTUR.

Devant avoir.

(1). Lorsque la 3e. personne plurielle est en eussent ou en fussent, la 3e. personne du singulier prend un accent circonflexe sur l'u.

(2) La troisième personne du singulier de l'imparfait du subjonctif prend un t; il faut revêtir d'un accent circonflexe la voyelle qui le précède.

(3). Lorsque le verbe avoir est actif, le participe passé prend les deux genres et les deux nombres.

CONJUGAISON

DU VERBE AUXILIAIRE *ÊTRE.*

Temps primitifs: Être, étant, été, je suis, je fus.

INDICATIF.

PRÉSENT.

Je suis.
Tu es.
Il ou elle est.
Nous sommes.
Vous êtes.
Ils ou elles sont.

IMPARFAIT.

J'étais.
Tu étais.
Il ou elle était.
Nous étions.
Vous étiez.
Ils ou elles étaient.

PRÉTÉRIT DÉFINI.

Je fus.
Tu fus.
Il ou elle fut.
Nous fûmes.
Vous fûtes.
Ils ou elles furent.

PRÉTÉRIT INDÉFINI.

J'ai été.
Tu as été.
Il ou elle été.
Nous avons été.
Vous avez été.
Ils ou elles ont été.

PRÉTÉRIT ANTÉRIEUR.

J'eus été.
Tu eus été.
Il ou elle eut été (1).
Nous eûmes été.
Vous eûtes été.
Ils ou elles eurent été.

PLUSQUE-PARFAIT.

J'avais été.
Tu avais été.
Il ou elle avait été.
Nous avions été.
Vous aviez été.
Ils ou elles avaient été.

FUTUR SIMPLE.

Je serai.
Tu seras.
Il ou elle sera.
Nous serons.
Vous serez.
Ils ou elles seront.

FUTUR COMPOSÉ.

J'aurai été.
Tu auras été.
Il ou elle aura été.

(1) Si la 3e personne plurielle était eu eussent, il faudrait un accent circonflexe.

Nous aurons été.
Vous aurez été.
Ils ou elles auront été.

CONDITIONNEL.

PRÉSENT.

Je serais.
Tu serais.
Il ou elle serait.
Nous serions.
Vous seriez.
Ils ou elles seraient.

1er. PASSÉ.

J'aurais été.
Tu aurais été.
Il ou elle aurait été.
Nous aurions été.
Vous auriez été.
Ils ou elles auraient été.

2e. PASSÉ.

J'eusse été.
Tu eusses été.
Il ou elle eût été.
Nous eussions été.
Vous eussiez été.
Ils ou elles eussent été.

IMPÉRATIF.

PRÉSENT.

Point de 1re. personne au sing., parce qu'on ne se commande pas à soi-même.
Sois.
Qu'il ou qu'elle soit.
Soyons.
Soyez.
Qu'ils ou qu'elles soient.

SUBJONCTIF.

PRÉSENT OU FUTUR.

Que je sois.
Que tu sois.
Qu'il ou qu'elle soit.
Que nous soyons.
Que vous soyez.
Qu'ils ou qu'elles soient.

IMPARFAIT.

Que je fusse.
Que tu fusses.
Qu'il ou qu'elle fût.
Que nous fussions.
Que vous fussiez.
Qu'ils ou qu'elles fussent.

PRÉTÉRIT.

Que j'aie été.
Que tu aies été.
Qu'il ou qu'elle ait été.
Que nous ayons été.
Que vous ayez été.
Qu'ils ou qu'elles aient été.

PLUSQUE-PARFAIT.

Que j'eusse été.
Que tu eusses été.
Qu'il ou qu'elle eût été.
Que nous eussions été.
Que vous eussiez été.
Qu'ils ou qu'elles eussent été

INFINITIF.

PRÉSENT.

Être.

PRÉTÉRIT.

Avoir été.

PARTICIPE.

PRÉSENT.

Étant.

PASSÉ.

Été, ayant été.

FUTUR.

Devant être.

CONJUGAISON

DU VERBE ACTIF *MANGER.*

1re. Conjugaison en *er.*

Temps primitifs : Manger, mangeant, mangé, je mange, je mangeai.

Je vais expliquer dans cette conjugaison, le temps que marque directement chacun des temps, et l'instant où l'on doit s'en servir. J'expliquerai aussi les temps primitifs, dérivés et composés, ainsi que les modes. Comme ces explications peuvent servir pour toutes les conjugaisons, je ne les répéterai point aux autres conjugaisons.

INDICATIF.

PRÉSENT.

temps primitif,

1er. Mode,

conduisant jusqu'au conditionnel.

Ce temps marque une chose qui est, ou qui se fait dans le moment de la parole.

Je mange (1).
Tu manges.
Il ou elle mange.
Nous mangeons.
Vous mangez.
Ils ou elles mangent.

IMPARFAIT.

temps dérivé.

Ce temps marque une chose faite dans un temps passé, mais comme présente à l'égard d'une autre chose faite dans un temps également passé.

Exemple :

Quand vous êtes entré

Je mangeais.
Tu mangeais.
Il ou elle mangeait.
Nous mangions.
Vous mangiez.
Ils ou elles mangeaient.

PRÉTÉRIT DÉFINI.

temps primitif.

Ce temps marque indéterminément une chose faite dans un temps dont il ne reste plus de partie à écouler.

La semaine passée

Je mangeai.
Tu mangeas.
Il ou elle mangea.

(1). A la première conjugaison, la première personne du présent de l'indicatif ne rend point s.

Nous mangeâmes.
Vous mangeâtes.
Ils ou elles mangèrent.

PRÉTÉRIT INDÉFINI.

temps composé.

Ce temps marque une chose faite dans un temps que l'on ne désigne pas, ou dans un temps désigné, mais qui n'est pas tout-à-fait écoulé.
Cette semaine

J'ai mangé.
Tu as mangé.
Il ou elle a mangé.
Nous avons mangé.
Vous avez mangé.
Ils ou elles ont mangé.

PRÉTÉRIT ANTÉRIEUR (1).

temps composé.

Ce temps marque une chose faite avant une autre, dans un temps passé, et dont il ne reste plus de partie à écouler.
Quand

J'eus mangé.
Tu eus mangé.
Il ou elle eut mangé.
Nous eûmes mangé.
Vous eûtes mangé.
Ils ou elles eurent mangé.

PLUSQUE-PARFAIT

temps composé.

Ce temps marque qu'une chose était déjà faite, quand une autre également passée, s'est faite.
Quand vous entrâtes

J'avais mangé.
Tu avais mangé.
Il ou elle avait mangé.
Nous avions mangé.
Vous aviez mangé.
Ils ou elles avaient mangé.

FUTUR SIMPLE.

temps dérivé.

Ce temps marque qu'une chose sera, ou se fera, dans un temps qui n'est pas encore.
Demain

Je mangerai.
Tu mangeras.
Il ou elle mangera.
Nous mangerons.
Vous mangerez.
Ils ou elles mangeront.

FUTUR PASSÉ.

temps composé.

Ce temps marque qu'une chose qui n'est pas encore, sera faite, lorsqu'une autre, qui n'est pas encore, sera présente
Je sortirai, quand

J'aurai mangé.
Tu auras mangé.
Il ou elle aura mangé.
Nous aurons mangé.
Vous aurez mangé.
Ils ou elles auront mangé.

CONDITIONNEL.

PRÉSENT.

temps dérivé.

2e. Mode.

Ce temps marque qu'une chose serait ou se ferait dans un temps présent, moyennant une condition
Si je pouvais

Je mangerais.
Tu mangerais.

(1) Il y a un quatrième prétérit, mais on s'en sert rarement : j'ai eu mangé, tu as eu mangé, il ou elle a eu mangé, nous avons eu mangé, vous avez eu mangé, ils ou elles ont eu mangé.

Il ou elle mangerait.
Nous mangerions.
Vous mangeriez.
Ils ou elles mangeraient.

1er. CONDITIONNEL PASSÉ.

temps composé.

Ce temps marque qu'une chose aurait été faite dans un temps passé, si certaine condition avait eu lieu.

Si vous aviez voulu

J'aurais mangé.
Tu aurais mangé.
Il ou elle aurait mangé.
Nous aurions mangé.
Vous auriez mangé.
Ils ou elles auraient mangé.

2e. CONDITIONNEL PASSÉ.

temps composé.

Exprimant de même que le premier.

J'eusse mangé,
Tu eusses mangé.
Il ou elle eût mangé.
Nous eussions mangé.
Vous eussiez mangé.
Ils ou elles eussent mangé.

IMPÉRATIF.

PRÉSENT.

temps dérivé.

3e. Mode.

Ce temps marque l'action de prier, de commander, ou d'exhorter; il indique un présent par rapport à l'action de commander, et un futur, par rapport à la chose commandée.

Point de première personne au singulier, parce qu'on ne se commande pas à soi-même,
Mange.
Qu'il ou qu'elle mange.
Mangeons.
Mangez.
Qu'ils ou qu'elles mangent.

SUBJONCTIF.

PRÉSENT OU FUTUR.

temps dérivé.

4e. Mode.

Ce temps marque le désir, le souhait, ou la volonté.

On désire, on désirera.

Que je mange.
Que tu manges.
Qu'il ou qu'elle mange.
Que nous mangions.
Que vous mangiez.
Qu'ils ou qu'elles mangent.

IMPARFAIT.

temps dérivé.

On désirait, on désira, on a désiré, on désirerait.

Que je mangeasse.
Que tu mangeasses.
Qu'il ou qu'elle mangeât.
Que nous mangeassions.
Que vous mangeassiez.
Qu'ils ou qu'elles mangeassent.

PRÉTÉRIT.

temps composé.

On a désiré, on aura désiré

Que j'aie mangé.
Que tu aies mangé.
Qu'il ou qu'elle ait mangé.
Que nous ayons mangé.
Que vous ayez mangé.
Qu'ils ou qu'elles aient mangé.

PLUSQUE-PARFAIT.

temps composé.

On avait, on aurait, on eût désiré

Que j'eusse mangé.
Que tu eusses mangé.
Qu'il ou qu'elle eût mangé.
Que nous eussions mangé
Que vous eussiez mangé.
Qu'ils ou qu'elles eussent mangé.

INFINITIF.

PRÉSENT.

temps primitif.

5e. Mode.

Manger.

PRÉTÉRIT.

temps composé.

Avoir mangé.

PARTICIPE

PRÉSENT.

temps primitif.

Mangeant.

PARTICIPE PASSÉ.

temps primitif.

Mangé, mangée, ayant mangé.

PARTICIPE FUTUR.

temps composé.

Devant manger.

Ainsi se conjugent : Aimer, chanter, remuer, partager, voler, nager, trouver, porter, etc.

Remarques sur l'Impératif.

Lorsqu'un verbe à l'*impératif* a un pronom pour régime, soit direct, soit indirect, il faut le placer après le verbe avec un trait d'union, si la proposition est affirmative.

Exemples :

Aimez-*moi*, punissez-*moi*, levez-*vous*, etc.

Si la proposition est négative, il faut placer le pronom immédiatement avant le verbe.

Exemples :

Ne *me* volez pas, ne *me* trompez point, etc.

Si l'impératif est suivi de deux pronoms, régimes indirects, il faut placer immédiatement après le verbe le pronom, régime indirect, qui est nécessaire pour l'expression de la pensée, et mettre à la seconde place celui qui n'exprime qu'une idée accessoire.

Exemples :

Allons, Monsieur, faites le dû de votre charge, et dressez lui-moi son procès, comme larron et comme suborneur.

MOLIÈRE, l'*Avare*, acte 5, scène 3.

CONJUGAISON

DU VERBE NEUTRE *DORMIR*.

2e. Conjugaison en *ir*.

Temps primitifs : Dormir, dormant, dormi, je dors, je dormis.

INDICATIF.

PRÉSENT.

temps primitif.

1er. Mode.

Je dors.
Tu dors.
Il ou elle dort.
Nous dormons.
Vous dormez.
Ils ou elles dorment.

IMPARFAIT.

temps dérivé.

Sa souche est le participe présent (1).

Je dormais.
Tu dormais.
Il ou elle dormait.
Nous dormions.
Vous dormiez.
Ils ou elles dormaient.

PRÉTÉRIT DÉFINI.

temps primitif.

Je dormis.
Tu dormis.
Il ou elle dormit.
Nous dormîmes.
Vous dormîtes.
Ils ou elles dormirent.

---

(1). Je ne répèterai point aux autres conjugaisons la souche des temps dérivés ; cet exemple devra servir pour les Conjugaisons suivantes, ainsi que pour les Conjugaisons précédentes.

PRÉTÉRIT INDÉFINI.

temps composé.

J'ai dormi.
Tu as dormi.
Il ou elle a dormi.
Nous avons dormi.
Vous avez dormi.
Ils ou elles ont dormi.

PRÉTÉRIT ANTÉRIEUR (1).

temps composé.

J'eus dormi.
Tu eus dormi.
Il ou elle eut dormi.
Nous eûmes dormi.
Vous eûtes dormi.
Ils ou elles eurent dormi.

PLUSQUE-PARFAIT.

temps composé.

J'avais dormi.
Tu avais dormi.
Il ou elle avait dormi.
Nous avions dormi.
Vous aviez dormi.
Ils ou elles avaient dormi.

FUTUR SIMPLE.

temps dérivé.

Sa souche est le présent de l'infinitif.

Je dormirai.
Tu dormiras.
Il ou elle dormira.
Nous dormirons.
Vous dormirez.
Ils ou elles dormiront.

FUTUR COMPOSÉ.

temps composé.

J'aurai dormi.
Tu auras dormi.
Il ou elle aura dormi.
Nous aurons dormi.
Vous aurez dormi.
Ils ou elles auront dormi.

CONDITIONNEL.

PRÉSENT.

2e. Mode.

temps dérivé.

(Sa souche est l'infinitif présent, ou bien on ajoute S, au futur simple.

Je dormirais.
Tu dormirais.
Il ou elle dormirait.
Nous dormirions.
Vous dormiriez.
Ils ou elles dormiraient.

1er. CONDITIONNEL PASSÉ.

temps composé.

J'aurais dormi.
Tu aurais dormi.
Il ou elle aurait dormi.
Nous aurions dormi.
Vous auriez dormi.
Ils ou elles auraient dormi.

2e. CONDITIONNEL PASSÉ.

temps composé.

J'eusse dormi.
Tu eusses dormi.
Il ou elle eût dormi.
Nous eussions dormi.
Vous eussiez dormi.
Ils ou elles eussent dormi.

IMPÉRATIF.

PRÉSENT.

Point de première personne au singulier, parce qu'on

(1) Il y a un 4e. prétérit, voyez le renvoi page 55.

ne se commande pas à soi-même.

3e. Mode.

temps dérivé.

Sa souche est l'indicatif-présent.

Dors.
Qu'il ou qu'elle dorme.
Dormons.
Dormez.
Qu'ils ou qu'elles dorment.

SUBJONCTIF.

PRÉSENT OU FUTUR.

4e. Mode.

temps dérivé.

Sa souche est le participe présent.

Que je dorme.
Que tu dormes.
Qu'il ou qu'elle dorme.
Que nous dormions.
Que vous dormiez.
Qu'ils ou qu'elles dorment.

IMPARFAIT.

temps dérivé.

Sa souche est le prétérit défini.

Que je dormisse.
Que tu dormisses.
Qu'il ou qu'elle dormît.
Que nous dormissions.
Que vous dormissiez.
Qu'ils ou qu'elles dormissent.

PRÉTÉRIT.

temps composé.

Que j'aie dormi
Que tu aies dormi.
Qu'il ou qu'elle ait dormi.
Que nous ayons dormi.
Que vous ayez dormi.
Qu'ils ou qu'elles aient dormi.

PLUSQUE-PARFAIT.

temps composé.

Que j'eusse dormi.
Que tu eusses dormi.
Qu'il ou qu'elle eût dormi.
Que nous eussions dorm .
Que vous eussiez dormi.
Qu'ils ou qu'elles eussent dormi.

INFINITIF.

PRÉSENT.

temps primitifs.

5e Mode.

Dormir.

PRETÉRIT.

temps composé.

Avoir dormi.

PARTICIPE.

PRÉSENT.

temps primitif.

Dormant.

PARTICIPE PASSÉ.

temps primitif.

Dormi, ayant dormi.

PARTICIPE FUTUR.

temps composé.

Devant dormir.

Ainsi se conjuguent : Finir, mentir, ensevelir, adoucir, vomir, sortir, etc.

CONJUGAISON

DU VERBE ACTIF *APERCEVOIR*.

3e. Conjugaison en *oir*.

Temps primitifs : Apercevoir, apercevant, aperçu, j'aperçois, j'aperçus.

INDICATIF.

PRÉSENT.

temps primitif.

1er. Mode.

J'aperçois.
Tu aperçois.
Il ou elle aperçoit.
Nous apercevons.
Vous apercevez.
Ils ou elles aperçoivent.

IMPARFAIT.

temps dérivé.

J'apercevais,
Tu apercevais.
Il ou elle apercevait.
Nous apercevions.
Vous aperceviez.
Ils ou elles apercevaient.

PRÉTÉRIT DÉFINI.

temps primitif.

J'aperçus.
Tu aperçus.
Il ou elle aperçut.
Nous aperçûmes.
Vous aperçûtes.
Ils ou elles aperçurent.

PRÉTÉRIT INDÉFINI.

temps composé.

J'ai aperçu.
Tu as aperçu.
Il ou elle a aperçu.
Nous avons aperçu.
Vous avez aperçu.
Ils ou elles ont aperçu.

PRÉTÉRIT ANTÉRIEUR.

temps composé.

J'eus aperçu.
Tu eus aperçu.
Il ou elle eut aperçu.
Nous eûmes aperçu.
Vous eûtes aperçu.
Ils ou elles eurent aperçu (1).

(1) Voyez le renvoi page 55.

PLUSQUE-PARFAIT.

temps composé.

J'avais aperçu.
Tu avais aperçu.
Il ou elle avait aperçu.
Nous avions aperçu.
Vous aviez aperçu.
Ils ou elles avaient aperçu.

FUTUR SIMPLE.

temps dérivé.

J'apercevrai.
Tu apercevras.
Il ou elle apercevra.
Nous apercevrons.
Vous apercevrez.
Ils ou elles apercevront.

FUTUR COMPOSÉ.

temps composé.

J'aurai aperçu.
Tu auras aperçu.
Il ou elle aura aperçu.
Nous aurons aperçu.
Vous aurez aperçu.
Ils ou elles auront aperçu.

CONDITIONNEL.

PRÉSENT.

temps dérivé.

2e. Mode.

J'apercevrais.
Tu apercevrais.
Il ou elle apercevrait.
Nous apercevrions.
Vous apercevriez.
Ils ou elles apercevraient.

1er. PASSÉ.

temps composé.

J'aurais aperçu.
Tu aurais aperçu.
Il ou elle aurait aperçu.
Nous aurions aperçu.
Vous auriez aperçu.
Ils ou elles auraient aperçu.

2e. PASSÉ.

temps composé.

J'eusse aperçu.
Tu eusses aperçu.
Il ou elle eût aperçu.
Nous eussions aperçu.
Vous eussiez aperçu.
Ils ou elles eussent aperçu.

IMPÉRATIF.

PRÉSENT.

temps dérivé.

3e. Mode.

Point de 1re. personne au singulier, parce qu'on ne se commande pas à soi-même.

Aperçois.
Qu'il ou qu'elle aperçoive.
Apercevons.
Apercevez.
Qu'ils ou qu'elles aperçoivent.

SUBJONCTIF.

PRÉSENT OU FUTUR.

temps dérivé.

4e. Mode.

Que j'aperçoive.
Que tu aperçoives.

Qu'il ou qu'elle aperçoive.
Que nous apercevions.
Que vous aperceviez.
Qu'ils ou qu'elles aperçoivent.

IMPARFAIT.

temps dérivé.

Que j'aperçusse.
Que tu aperçusses.
Qu'il ou qu'elle aperçut.
Que nous aperçussions.
Que vous aperçussiez.
Qu'ils ou qu'elles aperçussent.

PRÉTÉRIT.

temps composé.

Que j'aie aperçu.
Que tu aies aperçu.
Qu'il ou qu'elle ait aperçu.
Que nous ayons aperçu.
Que vous ayez aperçu.
Qu'ils ou qu'elles aient aperçu.

PLUSQUE-PARFAIT.

temps composé.

Que j'eusse aperçu.
Que tu eusses aperçu.
Qu'il ou qu'elle eût aperçu.
Que nous eussions aperçu.
Que vous eussiez aperçu.
Qu'ils ou qu'elles eussent aperçu.

INFINITIF.

PRÉSENT.

temps primitif.

5e. Mode.

Apercevoir.

PRÉTÉRIT.

temps composé.

Avoir aperçu.

PARTICIPE.

PRÉSENT.

temps primitif.

Apercevant.

PARTICIPE PASSÉ.

temps primitif.

Aperçu, aperçue, ayant aperçu.

PARTICIPE FUTUR.

temps composé.

Devant apercevoir.

Ainsi se conjuguent : Devoir, voir, pouvoir, savoir, prévoir, vouloir, valoir, etc.

CONJUGAISON

DU VERBE ACTIF *APPRENDRE.*

4e. Conjugaison en *re.*

Temps primitifs : Apprendre, apprenant, appris, j'apprends, j'appris.

INDICATIF.

PRÉSENT.

temps primitif.

1er. Mode.

J'apprends.
Tu apprends.
Il ou elle apprend.
Nous apprenons.
Vous apprenez.
Ils ou elles apprennent.

IMPARFAIT.

temps dérivé.

J'apprenais.
Tu apprenais.
Il ou elle apprenait.
Nous apprenions.
Vous appreniez.
Ils ou elles apprenaient.

PRÉTÉRIT DÉFINI.

temps primitif.

J'appris.
Tu appris.
Il ou elle apprit.
Nous apprîmes.
Vous apprîtes.
Ils ou elles apprirent.

PRÉTÉRIT INDÉFINI.

temps composé.

J'ai appris.
Tu as appris.
Il ou elle a appris.
Nous avons appris.
Vous avez appris.
Ils ou elles ont appris.

PRÉTÉRIT ANTÉRIEUR (1).

temps composé.

J'eus appris.
Tu eus appris.
Il ou elle eut appris.
Nous eûmes appris.
Vous eûtes appris.
Ils ou elles eurent appris.

PLUSQUE-PARFAIT.

temps composé.

J'avais appris.
Tu avais appris.
Il ou elle avait appris.
Nous avions appris.

(1) Voyez le renvoi page 53.

Vous aviez appris.
Ils ou elles avaient appris.

FUTUR SIMPLE.

temps dérivé.

J'apprendrai.
Tu apprendras.
Il ou elle apprendra.
Nous apprendrons.
Vous apprendrez.
Ils ou elles apprendront.

FUTUR PASSÉ.

temps composé.

J'aurai appris.
Tu auras appris.
Il ou elle aura appris.
Nous aurons appris.
Vous aurez appris.
Ils ou elles auront appris.

CONDITIONNEL.

PRÉSENT.

temps dérivé.

2e. Mode.

J'apprendrais.
Tu apprendrais.
Il ou elle apprendrait.
Nous apprendrions.
Vous apprendriez.
Ils ou elles apprendraient.

1er. CONDITIONNEL PASSÉ.

temps composé.

J'aurais appris.
Tu aurais appris.
Il ou elle aurait appris.
Nous aurions appris.
Vous auriez appris.
Ils ou elles auraient appris.

2e. CONDITIONNEL PASSÉ.

temps composé.

J'eusse appris.
Tu eusses appris.
Il ou elle eût appris.
Nous eussions appris.
Vous eussiez appris.
Ils ou elles eussent appris.

IMPÉRATIF.

PRÉSENT.

temps dérivé.

3e. Mode.

Point de première personne au singulier, parce qu'on ne se commande pas à soi-même.

Apprends.
Qu'il ou qu'elle apprenne.
Apprenons.
Apprenez.
Qu'ils ou qu'elles apprennent.

SUBJONCTIF.

PRÉSENT OU FUTUR.

temps dérivé.

4e. Mode.

Que j'apprenne.
Que tu apprennes.
Qu'il ou qu'elle apprenne.
Que nous apprenions.
Que vous appreniez.
Qu'ils ou qu'elles apprennent.

IMPARFAIT.

temps dérivé.

Que j'apprisse.
Que tu apprisses.
Qu'il ou qu'elle apprît.

Que nous apprissions.
Que vous apprissiez.
Qu'ils ou qu'elles apprissent.

PRÉTÉRIT.

temps composé.

Que j'aie appris.
Que tu aies appris.
Qu'il ou qu'elle ait appris.
Que nous ayons appris.
Que vous ayez appris.
Qu'ils ou qu'elles aient appris.

PLUSQUE-PARFAIT.

temps composé.

Que j'eusse appris.
Que tu eusses appris.
Qu'il ou qu'elle eût appris.
Que nous eussions appris.
Que vous eussiez appris.
Qu'ils ou qu'elles eussent appris.

INFINITIF.

PRÉSENT.

temps primitif.

5e. Mode.

Apprendre.

PRÉTÉRIT.

temps composé.

Avoir appris.

PARTICIPE

PRÉSENT.

temps primitif.

Apprenant.

PARTICIPE PASSÉ.

temps primitif.

Appris, apprise, ayant appris.

PARTICIPE FUTUR.

temps composé.

Devant apprendre.

Ainsi se conjuguent Répandre, attendre, défendre, prendre, fendre, vendre, pendre, mordre, tordre, fondre, écrire, etc.

CONJUGAISON

D'UN VERBE NEUTRE AVEC L'AUXILIAIRE ÊTRE.

INDICATIF.

PRÉSENT.

temps primitif.

1er. Mode.

Je tombe.
Tu tombes.
Il ou elle tombe.
Nous tombons.
Vous tombez.
Ils ou elles tombent.

IMPARFAIT.

temps dérivé.

Je tombais.
Tu tombais.
Il ou elle tombait.
Nous tombions.
Vous tombiez.
Ils ou elles tombaient.

PRÉTÉRIT DÉFINI.

temps primitif.

Je tombai.
Tu tombas.
Il ou elle tomba.
Nous tombâmes.
Vous tombâtes.
Ils ou elles tombèrent.

PRÉTÉRIT INDÉFINI.

temps composé.

Je suis	tombé
Tu es	ou
Il ou elle est	tombée.
Nous sommes	tombés
Vous êtes	ou
Ils ou elles sont	tombées.

PRÉTÉRIT ANTÉRIEUR.

temps composé.

Je fus	tombé
Tu fus	ou
Il ou elle fut	tombée.
Nous fûmes	tombés
Vous fûtes	ou
Ils ou elles furent	tombées.

PLUSQUE-PARFAIT.

temps composé.

J'étais	tombé
Tu étais	ou
Il ou elle était	tombée.
Nous étions	tombés
Vous étiez	ou
Ils ou elles étaient	tombées.

FUTUR SIMPLE.

temps dérivé.

Je tomberai.
Tu tomberas.
Il ou elle tombera.
Nous tomberons.
Vous tomberez.
Ils ou elles tomberont.

FUTUR COMPOSÉ.

temps composé.

Je serai	tombé
Tu seras	ou
Il ou elle sera	tombée.
Nous serons	tombés
Vous serez	ou
Ils ou elles seront	tombées.

CONDITIONNEL.

PRÉSENT.

temps dérivé.

2e. Mode.

Je tomberais.
Tu tomberais.
Il ou elle tomberait.
Nous tomberions.
Vous tomberiez.
Ils ou elles tomberaient.

1er. CONDITIONNEL PASSÉ.

temps composé.

Je serais	tombé
Tu serais	ou
Il ou elle serait	tombée.
Nous serions	tombés
Vous seriez	ou
Ils ou elles seraient	tombées.

4.

2e. CONDITIONNEL PASSÉ.

temps composé.

Je fusse	tombé
Tu fusses	ou
Il ou elle fût	tombée.
Nous fussions	tombés
Vous fussiez	ou
Ils ou elles fussent	tombées.

IMPÉRATIF.

PRÉSENT.

temps dérivé.

3e. Mode.

Point de première personne au singulier, parce qu'on ne se commande pas à soi même.

Tombe.
Qu'il ou qu'elle tombe.
Tombons.
Tombez.
Qu'ils ou qu'elles tombent.

SUBJONCTIF.

PRÉSENT OU FUTUR.

temps dérivé.

4e. Mode.

Que je tombe.
Que tu tombes.
Qu'il ou qu'elle tombe.
Que nous tombions.
Que vous tombiez.
Qu'ils ou qu'elles tombent.

IMPARFAIT.

temps dérivé.

Que je tombasse.
Que tu tombasses.
Qu'il ou qu'elle tombât.
Que nous tombassions.
Que vous tombassiez.
Qu'ils ou qu'elles tombassent.

PRÉTÉRIT.

temps composé.

Que je sois	tombé
Que tu sois	ou
Qu'il ou qu'elle soit	tombée.
Que nous soyons	tombés
Que vous soyez	ou
Qu'ils ou qu'elles soient.	tombées.

PLUSQUE-PARFAIT.

temps composé.

Que je fusse	tombé
Que tu fusses	ou
Qu'il ou qu'elle fût	tombée.
Que nous fussions	tombés
Que vous fussiez	ou
Qu'ils ou qu'elles fussent	tombées.

INFINITIF.

PRÉSENT.

temps primitif.

5e. Mode.

Tomber.

PRÉTÉRIT.

temps composé.

Être tombé ou tombée.

PARTICIPE.

PRÉSENT.

temps primitif.

Tombant.

PARTICIPE PASSÉ.	PARTICIPE FUTUR.
temps primitif.	temps composé.
Tombé, tombée, étant tombé.	Devant tomber.

Ainsi se conjuguent : Aller, mourir, partir, rester, sortir, monter, venir, etc.

CONJUGAISON

DU VERBE PASSIF *RÉPANDRE*.

4e. Conjugaison en *re*.

INDICATIF.

PRÉSENT.

temps primitif.

1er. Mode.

Je suis	répandu
Tu es	ou
Il ou elle est	répandue.
Nous sommes	répandus
Vous êtes	ou
Ils ou elles sont	répandues

IMPARFAIT.

temps dérivé.

J'étais	répandu
Tu étais	ou
Il ou elle était	répandue.
Nous étions	répandus
Vous étiez	ou
Ils ou elles étaient	répandues

PRÉTÉRIT DÉFINI.

temps primitif.

Je fus	répandu
Tu fus	ou
Il ou elle fut	répandue.
Nous fûmes	répandus
Vous fûtes	ou
Ils ou elles furent	répandues.

PRÉTÉRIT INDÉFINI.

temps composé.

J'ai été	répandu
Tu as été	ou
Il ou elle a été	répandue.
Nous avons été	répandus
Vous avez été	ou
Ils ou elles ont été	répandues

PRÉTÉRIT ANTÉRIEUR.

temps composé.

J'eus été	répandu
Tu eus été	ou
Il ou elle eut été	répandue.
Nous eûmes été	répandus
Vous eûtes été	ou
Ils ou elles eurent été	répandues

PLUSQUE-PARFAIT.

temps composé.

J'avais été	répandu
Tu avais été	ou
Il ou elle avait été	répandue.
Nous avions été	répandus
Vous aviez été	ou
Ils ou elles avaient été	répandues

FUTUR SIMPLE.

temps dérivé.

Je serai	répandu
Tu seras	ou
Il ou elle sera	répandue.
Nous serons	répandus
Vous serez	ou
Ils ou elles seront	répandues

FUTUR COMPOSÉ.

temps composé.

J'aurai été	répandu
Tu auras été	ou
Il ou elle aura été	répandue.
Nous aurons été	répandus
Vous aurez été	ou
Ils ou elles auront été	répandues

CONDITIONNEL.

PRÉSENT.

temps dérivé.

2e. Mode.

Je serais	répandu
Tu serais	ou
Il ou elle serait	répandue.
Nous serions	répandus
Vous seriez	ou
Ils ou elles seraient	répandues

1er. PASSÉ.

temps composé.

J'aurais été	répandu
Tu aurais été	ou
Il ou elle aurait été	répandue.
Nous aurions été	répandus
Vous auriez été	ou
Ils ou elles auraient été	répandues

2e. PASSÉ.

temps composé.

J'eusse été	répandu
Tu eusses été	ou
Il ou elle eût été	répandue.
Nous eussions été	répandus
Vous eussiez été	ou
Ils ou elles eussent été	répandues

IMPÉRATIF.

PRÉSENT.

temps dérivé.

3e. Mode.

Point de 1re. personne au singulier.

Sois	répandu
Qu'il ou qu'elle soit	ou répandue.
Soyons	répandus
Soyez	ou
Qu'ils ou qu'elles soient	répandues

SUBJONCTIF.

PRÉSENT OU FUTUR.

temps dérivé.

4e. Mode.

Que je sois	répandu

Que tu sois	ou
Qu'il ou qu'elle soit	répandue.
Que nous soyons	répandus
Que vous soyez	ou
Qu'ils ou qu'elles soient	répandues

IMPARFAIT.

temps dérivé.

Que je fusse	répandu
Que tu fusses	ou
Qu'il ou qu'elle fût.	répandue.
Que nous fussions	répandus
Que vous fussiez	ou
Qu'ils ouqu'elles fussent	répandues

PRÉTÉRIT.

temps composé.

Que j'aie été	répandu
Que tu aies été	ou
Qu'il ou qu'elle ait été	répandue.
Que nous ayons été	répandus
Que vous ayez été	ou
Qu'ils ou qu'elles aient été	répandues

PLUSQUE-PARFAIT.

temps composé.

Que j'eusse été	répandu
Que tu eusses été	ou
Qu'il ou qu'elle eût été	répandue.
Que nous eussions été	répandus
Que vous eussiez été	ou
Qu'ils ou qu'elles eussent été	répandues

INFINITIF.

PRÉSENT.

temps primitif.

5e. Mode.

Être répandu ou répandue.

PRÉTÉRIT.

temps composé.

Avoir été répandu ou répandue.

PARTICIPE.

PRÉSENT.

temps primitif.

Étant répandu ou répandue.

PASSÉ.

temps primitif.

Ayant été répandu ou répandue.

FUTUR.

temps composé.

Devant être répandu ou répandue.

Ainsi se conjuguent : Être aimé, être aperçu, être volé, être marqué, être condamné, être pris, être vu, etc.

CONJUGAISON

DU VERBE RÉFLÉCHI *SE PLAINDRE.*

4e. Conjugaison en *re.*

Temps primitifs : Se plaindre, se plaignant, s'étant plaint, je me plains, je me plaignis.

INDICATIF.

PRÉSENT.

temps primitif.

1er. Mode.

Je me plains.
Tu te plains.
Il ou elle se plaint.
Nous nous plaignons.
Vous vous plaignez.
Ils ou elles se plaignent.

IMPARFAIT.

temps dérivé.

Je me plaignais.
Tu te plaignais.
Il ou elle se plaignait.
Nous nous plaignions.
Vous vous plaigniez.
Ils ou elles se plaignaient.

PRÉTÉRIT DÉFINI.

temps primitif.

Je me plaignis.
Tu te plaignis
Il ou elle se plaignit.
Nous nous plaignîmes.
Vous vous plaignîtes.
Ils ou elles se plaignirent.

PRÉTÉRIT INDÉFINI.

temps composé.

Je me suis Tu t'es Il ou elle s'est	plaint ou plainte.
Nous nous sommes Vous vous êtes Ils ou elles se sont	plaints ou plaintes.

PRÉTÉRIT ANTÉRIEUR.

temps composé.

Je me fus Tu te fus Il ou elle se fut	plaint ou plainte.
Nous nous fûmes Vous vous fûtes Ils ou elles se furent	plaints ou plaintes.

PLUSQUE-PARFAIT.

temps composé.

Je m'étais Tu t'étais Il ou elle s'était	plaint ou plainte

Nous nous étions	plaints
Vous vous étiez	ou
Ils ou elles s'étaient	plaintes.

FUTUR SIMPLE.

temps dérivé.

Je me plaindrai.
Tu te plaindras.
Il ou elle se plaindra.
Nous nous plaindrons.
Vous vous plaindrez.
Ils ou elles se plaindront.

FUTUR COMPOSÉ.

temps composé.

Je me serai	plaint
Tu te seras	ou
Il ou elle se sera	plainte.
Nous nous serons	plaints
Vous vous serez	ou
Ils ou elles se seront	plaintes

CONDITIONNEL.

PRESENT.

temps dérivé.

2e. Mode.

Je me plaindrais.
Tu te plaindrais.
Il ou elle se plaindrait.
Nous nous plaindrions.
Vous vous plaindriez.
Ils ou elles se plaindraient.

1er. PASSÉ.

temps composé.

Je me serais	plaint
Tu te serais	ou
Il ou elle se serait	plainte.
Nous nous serions	plaints
Vous vous seriez	ou
Ils ou elles se seraient.	plaintes.

2e. PASSÉ.

temps composé.

Je me fusse	plaint
Tu te fusses	ou
Il ou elle se fût	plainte.
Nous nous fussions	plaints
Vous vous fussiez	ou
Ils ou elle se fussent	plaintes.

IMPÉRATIF.

PRESENT.

temps dérivé.

3e. Mode.

Point de 1re. pers. au sing., parce qu'on ne se commande pas à soi-même.
Plains-toi.
Qu'il ou qu'elle se plaigne.
Plaignons-nous.
Plaignez-vous.
Qu'ils ou qu'elles se plaignent.

SUBJONCTIF.

PRESENT OU FUTUR.

temps dérivé.

4e. Mode.

Que je me plaigne.
Que tu te plaignes.
Qu'il ou qu'elle se plaigne.
Que nous nous plaignons.
Que vous vous plaignez.
Qu'ils ou qu'elles se plaignent.

IMPARFAIT.

temps dérivé.

Que je me plaignisse.
Que tu te plaignisses.
Qu'il ou qu'elle se plaignît.
Que nous nous plaignissions
Que vous vous plaignissiez.
Qu'ils ou qu'elles se plaignissent.

PRETERIT.

temps composé.

Que je me sois	plaint
Que tu te sois	ou
Qu'il ou qu'elle se soit	plainte
Que nous nous soyons	plaints
Que vous vous soyez	ou
Qu'ils ou qu'elles se soient	plaintes.

PLUSQUE-PARFAIT.

temps composé.

Que je me fusse	plaint
Que tu te fusses	ou
Qu'il ou qu'elle se fût	plainte.
Que nous nous fussions	plaints
Que vous vous fussiez	ou
Qu'ils ou qu'elles se fussent	plaintes.

INFINITIF.

PRESENT.

temps primitif.

5e. Mode.

Se plaindre.

PRETERIT.

temps composé.

S'être plaint ou plainte.

PARTICIPE.

PRESENT.

temps primitif.

Se plaignant.

PARTICIPE PASSÉ.

temps primitif.

Plaint, s'étant plaint ou plainte.

PARTICIPE FUTUR.

temps composé.

Devant se plaindre.

Ainsi se conjuguent : Se déplaire, se tuer, se résoudre, se donner, se revêtir, etc.

CONJUGAISON

DU VERBE UNIPERSONNEL *NEIGER*.

1re. Conjugaison en *er*.

INDICATIF.

PRÉSENT.

Il neige.

IMPARFAIT.

Il neigeait.

PRÉTÉRIT DÉFINI.

Il neigea.

PRÉTÉRIT INDÉFINI.

Il a neigé.

PRÉTÉRIT ANTÉRIEUR.

Il eut neigé.

PLUSQUE-PARFAIT.

Il avait neigé.

FUTUR SIMPLE.

Il neigera.

FUTUR COMPOSÉ.

Il aura neigé.

CONDITIONNEL.

PRÉSENT.

Il neigerait.

1er. CONDITIONNEL PASSÉ.

Il aurait neigé.

2e. CONDITIONNEL PASSÉ.

Il eut neigé.

SUBJONCTIF.

PRÉSENT OU FUTUR.

Qu'il neige.

IMPARFAIT.

Qu'il neigeât.

PRÉTÉRIT

Qu'il ait neigé.

PLUSQUE-PARFAIT.

Qu'il eût neigé.

INFINITIF.

PRÉSENT.

Neiger.

PARTICIPE PASSÉ.

Ayant neigé.

Ainsi se conjuguent : Falloir, pleuvoir, etc.

ANALYSE.

(Article, Substantif, Adjectif, Pronom et Verbe).

Les belles fleurs que je cueillis dans le jardin la semaine dernière étaient bien fraiches.

Les	article simple féminin pluriel, détermine fleurs.
belles	adjectif féminin pluriel, au positif, qualifie fleurs.
fleurs	substantif commun féminin pluriel.
que	pronom relatif, troisième personne, de tout genre et de tout nombre, mais ici féminin pluriel, parce qu'il se rapporte au substantif fleurs, dont il tient la place.
je	pronom personnel première personne masculin singulier (c'est un homme qui parle).
cueillis	première personne singulier du prétérit défini du verbe actif cueillir, 2e. conjugaison en ir, temps primitifs : cueillir,

	cueillant, cueilli, je cueille, je cueillis.
dans	. . . .
le	article simple masculin singulier, détermine jardin.
jardin	substantif commun masculin singulier.
la	article simple féminin singulier, détermine semaine.
semaine	substantif commun, féminin singulier.
dernière	adjectif féminin singulier, au positif, qualifie semaine.
étaient	troisième personne plurielle de l'imparfait de l'indicatif du verbe substantif être, quatrième conjugaison en re, temps dérivé.
bien	. . . .
fraiches.	adjectif féminin pluriel, qualifie fleurs, — au superlatif absolu avec bien.

CHAPITRE VI.

SIXIÈME PARTIE DU DISCOURS.

Le Participe.

Le *participe* est ainsi nommé parce qu'il participe de la nature du verbe et de celle de l'adjectif.

Il participe du verbe en ce qu'il en a la signification et que, semblable au verbe, il a un régime.

Il participe de l'adjectif parce qu'il exprime une qualité.

On divise les participes en deux classes, relativement aux temps qu'ils expriment.

La première comprend le participe *présent*, qui est toujours terminé en *ant*.

Exemples :

Aimant. Courant. Vendant. Tenant, etc.

Le seconde classe prend le nom de participe *passé*;

ce dernier participe a différentes terminaisons, suivant les verbes d'où il dérive.

Exemples :

Aimé. Sorti. Dû Pris, etc.

ANALYSE.

(Art., Subst., Adjectif, Pronom, Verbe et Participe.)

Les belles fleurs que nous avons cueillies dans le jardin sont flétries maintenant

Les	article simple féminin pluriel, détermine fleurs.
belles	adjectif féminin pluriel au positif, qualifie fleurs.
fleurs	substantif commun féminin pluriel.
que	pronom relatif, troisième personne, de tout genre et de tout nombre, mais ici féminin pluriel, parce qu'il se rapporte à fleurs.
nous	pronom personnel, première personne, masculin pluriel.
(avons cueillies)	première personne plurielle du prétérit indéfini du verbe actif cueillir, deuxième conjugaison en ir, temps composé.
avons	première personne plurielle du présent de l'indicatif du verbe auxiliaire avoir, troisième conjugaison en oir, temps primitifs: avoir, ayant, eu, j'ai, j'eus.
cueillies	participe passé féminin pluriel du verbe actif cueillir, deuxième conjugaison en ir, temps primitifs : cueillir, cueillant, cueilli, je cueille, je cueillis.
dans	. . . .
le	article simple masculin singulier, détermine jardin.
jardin	substantif commun masculin singulier.

sont	troisième personne plurielle du présent de l'indicatif du verbe substantif être, quatrième conjugaison en re, temps primitifs : être, étant, été, je suis, je fus.
flétries	adjectif féminin pluriel, au positif, qualifie fleurs.
maintenant	. . . .

CHAPITRE VII.

SEPTIÈME PARTIE DU DISCOURS.

La Préposition.

La *préposition*, mot invariable, sert à marquer le rapport qui existe entre deux termes ; elle unit un membre de proposition à un autre membre.

Le mot qui suit la préposition se nomme son régime, et les deux forment ce qu'on appelle un régime indirect.

On donne à cette partie du discours le nom de préposition, parce qu'elle se place avant son complément.

Exemples :

Ils s'égarent *dans* des châteaux.

FAVART.

Dans la prospérité il est agréable d'avoir un ami, *dans* le malheur c'est un besoin.

Pensée de SENÈQUE.

Les prépositions sont simples ou composées.

Les prépositions *simples* sont celles qui s'expriment en un seul mot, comme *à*, *de*, *en*, *pour*, *par*, *sans*, *sur*, *dans*, etc.

Les prépositions composées sont celles qui s'expriment en plusieurs mots, comme *vis-à-vis*, *à côté de*, etc.

Les prépositions expriment neuf rapports, savoir :

Rapports de *lieu*, *d'ordre*, *d'union*, *de séparation*, *d'opposition*, *de but*, *de cause*, *de moyen*, *et de spécification*.

Exemples :

1°. Rapports de *lieu* ;

Autour (1).	derrière.	auprès.
Chez.	jusque.	vis-à-vis.
Dans.	parmi.	sous.
Dès.	près.	sur.
Dessus.	proche.	vers.
Devant.		

Il se répand *autour* des trônes certaines terreurs qui empêchent de parler aux rois avec liberté.

FLÉCHIER.

L'homme *dès* sa naissance a le sentiment du plaisir et de la douleur.

MARMONTEL.

2°. Rapports *d'ordre* ;

Avant. Après. Entre. Depuis.

La conscience nous avertit en ami *avant* de nous punir en juge.

Pensée de STANISLAS, *roi de Pologne.*

L'homme est placé libre *entre* le vice et la vertu.

MARMONTEL.

3°. Rapport *d'union* ;

Avec.	pendant.	selon.
Durant.	outre.	suivant.

. . . . *Avec* notre existence ,
De la femme pour nous , le dévouement commence.

LEGOUVÉ, *Mérite des Femmes.*

Si jamais on peut dire que la voie du chrétien est étroite, c'est *durant* les persécutions.

BOSSUET.

La terre , cette bonne mère , multiplie ses dons , *selon* le nombre de ses enfans qui méritent ses fruits par leur travail.

FÉNÉLON.

4°. Rapports de *séparation* ;

---

(1). Ne confondez pas A L'ENTOUR avec AUTOUR, A L'ENTOUR est un adverbe, il n'a pas de régime : Les châteaux d'ALENTOUR, les bois d'ALENTOUR.—AUTOUR préposition a un régime : AUTOUR de lui, AUTOUR d'une maison.

Sans. hors. vu.
Excepté. sauf. hormis.

Point de vertu *sans* religion; point de bonheur *sans* vertu.

DIDEROT.

Si tous les livres devaient être brûlés, *hormis* un seul, lequel voudriez-vous conserver?

On peut tout sacrifier à l'amitié, *sauf* l'honnête et le juste.

MARMONTEL.

5°. Rapports *d'opposition*;

Contre. malgré. nonobstant.

Le travail est une meilleure ressource *contre* l'ennui que le plaisir.

La loi ne saurait égaler les hommes *malgré* la nature.

La vérité, *nonobstant* le préjugé, l'erreur et le mensonge, se fait jour et perce à la fin.

6°. Rapports de *but*;

Envers. pour. à travers.
Concernant. loin. voici.
Touchant. par-de-là. voilà.

L'humanité *envers* les peuples est le premier devoir des grands.

MASSILLON.

Celui qui a besoin de conseils *concernant*, *touchant* la vérité, ne mérite pas qu'on lui en donne.

MARMONTEL.

Le génie et la vertu marchent à *travers* les obstacles.

LAROCHEFOUCAULD.

Voilà deux mortelles maladies, qui affligent le genre humain; juger les autres en toute rigueur, se pardonner tout à soi-même.

BOSSUET.

Silence! silence! *voici* l'ennemi, disait le grand Condé à l'auditoire, quand Bourdaloue montait en chaire.

7°. et 8°. Rapports de *cause* et de *moyen*;

Par. moyennant. attendu. vu.

L'ennui est entré dans le monde *par* la paresse.

LABRUYÈRE.

L'homme de bien, *moyennant* une conduite égale et simple, se fait chérir et honorer partout.

MARMONTEL.

C'est pour l'espèce humaine une loi de nature d'être secourable, *attendu* que tout homme a besoin de secours.

LE MÊME.

9°. Rapports de *spécification*;

A. de. en.

L'hypocrisie est un hommage
Que rend le vice *à* la vertu.

L'ABBÉ AUBERT.

Du crime au repentir un long chemin nous mène.
Du repentir au crime un moment nous entraîne.

COLARDEAU.

Dans les temps bienheureux du monde *en* son enfance,
Chacun mettait sa gloire en sa seule innocence.

BOILEAU.

ANALYSE.

(Article, Substantif, Adjectif, Pronom, Verbe, Participe et Préposition.)

Les hautes montagnes de la Suisse ont été visitées par nos savans; ils ont fait des expériences physiques sur le saint Bernard.

Les	article simple féminin pluriel, détermine montagnes.
hautes,	adjectif féminin pluriel au positif, qualifie montagnes.
montagnes.	substantif commun féminin pluriel.
de	préposition.
la	article simple féminin singulier, détermine suisse.
suisse	substantif propre de république, féminin singulier.

(ont été visitées)	3e. personne plurielle du prétérit indéfini du verbe passif visiter, 1er. conjugaison en er.
ont	3e. personne plurielle du présent de l'indicatif du verbe auxiliaire avoir, 3e. conjugaison en oir, temps primitifs : Avoir, ayant, eu, j'ai, j'eus.
été	participe passé masculin singulier, du verbe auxiliaire être, 4e. conjugaison en re, temps primitifs : être, étant, été, je suis, je fus.
visitées	participe passé féminin pluriel, du verbe actif visiter, 1re. conjugaison en er, temps primitifs : visiter, visitant, visité, je visite, je visitai.
par	préposition.
nos	adjectif possessif masculin pluriel.
savans	substantif commun masculin pluriel.
ils	pronom personnel 3e. personne masculin pluriel.
ont fait	3e. personne plurielle du prétérit indéfini du verbe actif faire, 4e. conjugaison en re, temps composé.
ont	3e. personne plurielle du présent de l'indicatif du verbe auxiliaire avoir, 3e. conjugaison en oir, temps primitifs : avoir, ayant, eu, j'ai, j'eus.
fait	participe passé masculin singulier, du verbe actif faire, 4e. conjugaison en re, temps primitifs : faire, faisant, fait, je fais, je fis.
des	article féminin pluriel, composé de *de*, préposition, et de *les*, article, détermine expériences.
expériences	substantif commun féminin pluriel.
physiques	adjectif féminin pluriel, au positif, qualifie expériences.
sur	préposition.

le	article simple masculin singulier, détermine Bernard.
saint	adjectif masculin singulier, au positif, qualifie Bernard
Bernard	substantif propre masculin singulier.

CHAPITRE VIII.

HUITIÈME PARTIE DU DISCOURS.

L'Adverbe.

L'*Adverbe* est un mot invariable qui se joint aux verbes, aux participes et aux adjectifs, pour en faire connaître les manières ou les circonstances.

Exemple :

« Henri IV était *vraiment* digne d'être assis sur le « trône de France ; il était *continuellement* occupé de la « prospérité de ses états ; il avait *éminemment* le carac- « tère d'un bon roi, son nom vivra *éternellement*. »

« *Vraiment*, *continuellement*, *éminemment*, *éternellement* sont des adverbes qui désignent de manières différentes ce qui est spécifié par l'adjectif *digne*, par le participe *occupé*, par le qualificatif *bon roi*, et par le verbe *vivra*. L'adverbe est comme l'adjectif du verbe, du participe et de l'adjectif. ».

Les adverbes marquent : 1°. La *manière* et la *qualité*.

Exemples :

Sagement, prudemment, agréablement, justement, etc.

2°. Le *temps*.

Exemples :

Aujourd'hui, présentement, maintenant, à cette heure, dans l'instant, hier, avant-hier, jadis, au temps passé ; demain, bientôt, tantôt, dans peu, après-demain, etc.

3°. De *lieu.*

Exemples :

Ici, là, devant, derrière, dessus, dessous, en haut, en bas, etc.

4°. D'*ordre* et de *rang.*

Exemples :

Premièrement, secondement, troisièmement, quatrièmement, etc.

5°. De *quantité.*

Exemples :

Assez, trop, peu, beaucoup, bien, fort, très, au plus, au moins, tout, du tout, tout-à-fait, etc.

6°. D'*affirmation*, de *négation* et de *doute.*

Exemples :

Certes, sans doute, vraiment, oui, volontiers, soit, d'accord, etc.—Il n'y a qu'un seul adverbe de doute, c'est *peut-être.*—Non, ne, ne pas, ne point, nullement, point du tout, nulle part.

7°. De *comparaison.*

Exemples :

Comme, de même, ainsi, plus, moins, pis, mieux, très, davantage, de plus, ni plus, ni moins, presque, quasi, à peu près, pour le plus, tout au plus, à qui mieux mieux, à l'envi, de mieux en mieux, etc.

8°. D'*interrogdtion.*

Exemples :

Combien, où, d'où, par où, comment, quand, pourquoi, etc.

La plupart des adjectifs ont leur adverbe, qui se forme du féminin en ajoutant *ment.*

Exemples :

Grand, grande, *grandement*; petit, petite, *petitement*; gentil, gentille fait *gentiment.*

On distingue l'adverbe de la préposition en ce que cette dernière a toujours un complément, exprimé ou sous-entendu, et que le premier n'en a pas.

Ce mot prend le nom d'adverbe parce qu'il est considéré comme le modificateur du verbe; il modifie la qualité ou l'attribut renfermé dans le verbe.

Exemple :

Ce jeune homme se conduit *sagement*; l'adverbe sagement modifie l'attribut conduisant renfermé dans conduit, qui est pour est *conduisant.*

Quelques adjectifs peuvent devenir adverbes; tels sont *fort*, *juste*, *vrai*, *faux*, *bas*, etc.

Exemples :

Ce récit est *faux*, est *vrai*, — *faux* et *vrai* expriment la qualité du récit, ce sont, par conséquent, des *adjectifs*.

Mais dans les phrases suivantes :

Cette dame chante *faux*.

Cette rose sent *bon*.

Les mots *faux* et *bon* n'expriment plus la qualité de la personne ou de la chose; mais la manière dont la dame chante, dont la rose sent. Ces mots sont alors des *adverbes*.

ANALYSE.

(Article, Substantif, Adjectif, Pronom, Verbe, Participe, Préposition et Adverbe.)

Les beaux-arts polissent les peuples; ils les rendent meilleurs. Rome, dans sa plus haute splendeur, les cultivait, et Rome, dans sa décadence, est encore admirée par ses beaux débris.

Les	article simple, masculin pluriel, détermine arts.
beaux	adjectif masculin pluriel, au positif, qualifie arts.
arts	substantif commun, masculin pluriel.
polissent	3e. personne plurielle du présent de l'indicatif du verbe actif polir, 2e. conjugaison en ir, temps primitifs : polir, polissant, poli, je polis, je polis.

les	article simple, masculin pluriel, détermine peuples.
peuples	substantif collectif général, masculin pluriel.
ils	pronom personnel, 3e. personne, masculin pluriel.
les	pronom relatif, 3e. personne masculin pluriel (pour eux).
rendent	3e. personne plurielle du présent de l'indicatif du verbe actif rendre, 4e. conjugaison en re; temps primitifs : rendre, rendant, rendu, je rends, je rendis.
meilleurs	adjectif masculin pluriel, au positif, qualifie peuples, représenté par le pronom les.
Rome	substantif propre de ville, féminin singulier.
dans	préposition.
sa	adjectif possessif, féminin singulier.
plus	adverbe.
haute	adjectif féminin singulier, qualifie splendeur, avec plus, il forme un superlatif absolu.
splendeur	substantif commun, féminin singulier.
les	pronom relatif, 3e. personne masculin pluriel (pour arts).
cultivait	3e. personne singulier de l'imparfait de l'indicatif du verbe actif cultiver, 1re. conjugaison en er, temps dérivé.
et	. . . . .
Rome	substantif propre de ville, féminin singulier.
dans	préposition.
sa	adjectif possessif, féminin singulier.
décadence	substantif commun, féminin singulier.
est	3e. personne singulier du présent de l'indicatif du verbe substantif être, 4e. conjugaison en re; temps primitifs : être, étant, été, je suis, je fus.

encore	adverbe.
admirée	participe passé féminin singulier du verbe actif admirer, 1re. conjugaison en er. Temps primitifs : admirer, admirant, admiré, j'admire, j'admirai.
(est admirée)	3e. personne singulier du présent de l'indicatif du verbe passif admirer, 1re. conjugaison en er.
par	préposition.
ses	adjectif possessif masculin pluriel.
beaux	adjectif masculin pluriel au positif, qualifie débris.
débris	substantif commun masculin pluriel.

CHAPITRE IX.

NEUVIÈME PARTIE DU DISCOURS.

La Conjonction.

La *conjonction* est un mot invariable qui sert à lier les propositions les unes aux autres.

Exemples :

Vous viendrez *quand* vous voudrez.

Il passera la mer, *quand* les vents seront moins violents.

Il est toujours méchant *quoique* ses parens lui donnent d'excellens conseils.

On donne le nom de conjonction *composée*, ou phrase conjonctive, à l'assemblage de plusieurs mots qui servent à joindre des propositions.

Exemples :

En quelque sorte, de même que, autant que, dans le temps que, ainsi que, etc.

Les conjonctions forment *neuf classes* :

1°. Les copulatives, 2°. les adversatives, 3°. les

disjonctives, 4°. les circonstancielles, 5°. les conditionnelles, 6°. les causatives, 7°. les explicatives, 8°. les transitives, et 9°. les déterminatives.

1°. Les copulatives sont celles dont le sens ne s'étend pas au-delà de celui de la liaison, n'y ajoutant aucune idée particulière.

Exemples :

Et, *ni*.

« Le sage est citoyen : il respecte à la fois
« Et le trésor des mœurs, *et* le dépôt des lois. »

CHAMPFORT.

« Heureux celui qui sait se contenter de peu ! son « sommeil n'est troublé *ni* par les craintes, ni par « les désirs honteux de l'avarice. »

2°. Les conjonctions adversatives.—Elles marquent opposition, différence, ou restriction entre ce qui suit et ce qui précède.

Exemples :

Mais, quoique, combien que, encore que, loin que, au contraire, au lieu de, au moins, du moins.

« Anciennement on avait moins de savoir, *mais* plus « de religion »

« Il est beau d'aider de son crédit un galant homme, « *quoi qu'on* ait quelque sujet de se plaindre de lui. »

« L'envie honore le mérite, *encore* qu'elle s'efforce « de l'avilir. »

3°. Les conjonctions disjonctives.—Elles servent à disjoindre, à séparer, désunir des propositions incompatibles entre lesquelles on propose un choix.

Exemples :

C'est vous *ou bien* moi.

4°. Les conjonctions *circonstancielles*.—Elles servent de lien à deux propositions dont l'une dépend de l'autre par quelque circonstance de temps ou d'ordre.

Exemples :

Lorsque, quand, tandis que, durant que, pendant que, comme, dès que, etc.

Vous viendrez, *quand* vous voudrez.

Venez le visiter, *tandis qu*'il est ici.

5°. Les conjonctions *conditionnelles.*—Elles servent à lier un membre de discours à un autre, en opposant entre les deux sens qu'elles joignent, une condition sans laquelle ce qui est exprimé dans le principal des deux membres cesse d'avoir lieu.

Exemples :

Si, soit, pourvu que, à moins que, quand (signifiant bien que), quoique, sauf, bien entendu que, à condition que, à la charge que, au cas que, en cas que.

Si les hommes étaient vertueux, ils éprouveraient « un bonheur réel. »

La fortune, *soit* bonne ou mauvaise, *soit* passagère « ou constante ne peut rien sur l'ame du sage. »

MARMONTEL.

« Bien des gens s'embarrassent peu de la route, « pourvu qu'elle les mène à la source des richesses. »

6°. Les conjonctions *causatives.*—Elles renferment dans la force de la liaison, la cause de quelque chose, ou la raison pourquoi on l'a faite

Exemples :

Afin que, parce que, puisque, car, comme, de même que, aussi, de peur de, de peur que.

« L'homme orgueilleux est insensé; *car* il est né « faible, imbécille, indigent et nécessiteux.

MARMONTEL.

« La prospérité éprouve les caractères, *de même que* « l'infortune. »

LE MÊME.

7°. Les conjonctions *explicatives.*—Elles lient par forme d'explication.

Savoir, de sorte que, ainsi que, de façon que, c'est-à-dire :

« Il y a trois choses à consulter, *savoir* : le juste, « l'honnête et l'utile.

MARMONTEL.

« Vous connaissez l'impétueuse ardeur,
« De nos Français, ces fous sont pleins d'honneur ;

« *Ainsi qu'*au bal, ils vont tous aux batailles. »

VOLTAIRE.

8°. Les conjonctions *transitives.*—Elles marquent un passage ou une transition d'une chose à une autre.

Exemples :

Or, au reste, du reste, après tout, de là, quant, outre que :

« Tout homme est inconstant, *or*, mon ami, vous « êtes homme. »

« *Au reste*, vous pouvez en toute occasion compter « sur mon zèle. »

« Gagnons l'estime des gens de bien; *quant* à l'opinion « de la multitude, ménageons-la sans la flatter. »

Et 9°. Les conjonctions *déterminatives.*—Elles lient ensemble deux propositions, dont la seconde sert à déterminer le sens de la première.

Exemple :

Je pense *que* l'étude est utile. Nous avons deux propositions dont la première est indéterminée : je pense; qu'est-ce que je pense ? la seconde proposition répond à cette question, et détermine le sens de la précédente.

La conjonction *que* est la plus usitée de toutes les conjonctions. On la distingue du *que* relatif en ce qu'elle ne peut pas se changer en *lequel*, *laquelle*, *lesquels*, *lesquelles*. Elle se distingue du *que* interrogatif, en ce qu'elle ne peut pas se tourner en *quelle* chose, et du *que* adverbe, en ce quelle ne peut pas se tourner par *seulement*.

ANALYSE.

(Article, Substantif, Adjectif, Pronom, Verbe, Participe, Préposition, Adverbe et Conjonction).

Vous viendrez demain si vous pouvez.

Les jolies plantes que vous m'avez données sont couvertes de fleurs.

Vous	pronom personnel 2e. personne masculin pluriel.
viendrez	2e. personne plurielle du futur simple du verbe neutre venir, 2e. conjugaison en ir, temps dérivé
demain	adverbe,
si	conjonction.
vous	pronom personnel 2e. personne masculin pluriel.
pouvez	2e. personne plurielle du présent de l'indicatif du verbe actif pouvoir, 3e. conjugaison en oir, temps primitifs : pouvoir, pouvant, pu, je puis, je pus.
les	article simple, féminin pluriel, détermine plantes.
jolies	adjectif féminin pluriel, au positif, qualifie plantes.
plantes	substantif commun féminin pluriel.
que	pronom relatif 3e. personne de tout genre et de tout nombre, mais ici féminin pluriel, parce qu'il se rapporte à plantes.
vous	pronom personnel, 2e. personne, masculin pluriel.
me	pronom personnel, 1re. personne, masculin singulier.
avez	2e. personne plurielle du présent de l'indicatif du verbe auxiliaire avoir, 3e. conjugaison en oir, temps primitifs : avoir, ayant, eu, j'ai, j'eus.
données	participe passé féminin pluriel du verbe actif donner, 1re. conjugaison en er, temps primitifs : donner, donnant, donné, je donne, je donnai.
(avez données)	2e. personne plurielle du prétérit indéfini du verbe actif donner, 1re. conjugaison en er, temps composé.
sont	3e. personne plurielle du présent de l'indicatif du verbe auxiliaire être, 4e. conjugaison en re, temps primitifs : être, étant,

	été, je suis, je fus
couvertes	participe passé féminin pluriel du verbe actif couvrir, 2e. conjugaison en ir, temps primitifs : couvrir, couvrant, couvert, je couvre, je couvris.
(sont couvertes)	3e. personne plurielle du présent de l'indicatif du verbe passif couvrir, 2e. conjugaison en ir.
de	préposition.
fleurs.	substantif commun, féminin pluriel.

CHAPITRE X.

DIXIÈME PARTIE DU DISCOURS.

L'Interjection.

L'*Interjection* est un mot invariable, qui peint d'un seul trait les affections subites de l'ame; ce n'est pour ainsi dire qu'un cri, mais ce cri tient la place d'une proposition entière.

Les interjections se divisent ainsi:

1°. Pour la douleur ou l'affliction : *Ah! aie! ouf, ahi! hi hi! hé! hélas!*

2°. Pour la joie et le désir : *Ah! bon!*

3°. Pour la crainte : *Ah! hé!*

4°. Pour l'aversion, le mépris, le dégoût : *Fi! fi donc!*

5°. Pour la dérision : *Oh! hé! zest!*

6°. Pour l'admiration : *Oh!*

7°. Pour la surprise : *Oh! ah!*

8°. Pour encourager : *Ça! ho ça! allons! courage!*

9°. Pour avertir : *Holà! hem! oh!*

10°. Pour appeler : *Holà! hé!*

11°. Pour le silence : *Chut! st! paix!*

ANALYSE

DES DIX PARTIES DU DISCOURS.

Quand les enfans d'Adam se furent multipliés sur la terre, et avant qu'ils fussent très-nombreux, ils étaient bien coupables; hélas! ils avaient déjà oublié leur céleste origine.

Quand	conjonction.
les	article simple, masculin pluriel, détermine enfans.
enfans	substantif commun, masculin pluriel.
de	préposition.
Adam	substantif propre d'homme, masculin sing.
se	pronom personnel, 3e. personne, masculin pluriel (employé pour eux, enfans).
furent	3e. personne plurielle du prétérit défini du verbe auxiliaire être, 4e. conjugaison en re; temps primitifs: être, étant, été, je suis, je fus.
multipliés	participe passé, masculin pluriel, du verbe actif multiplier, 1re. conjugaison en er; temps primitifs: multiplier, multipliant, multiplié, je multiplie, je multipliai.
(furent multipliés)	3e. personne plurielle du prétérit antérieur du verbe réfléchi se multiplier, 1re. conjugaison en er, temps composé.
sur	préposition.
la	article simple, féminin singulier, détermine terre.
terre	substantif propre, féminin singulier.
et	conjonction.
avant	préposition.
que	conjonction.
ils	pronom personnel, 3e. personne, masculin pluriel.
fussent	3e. personne plurielle de l'imparfait du sub-

	jonctif du verbe substantif être, 4e. conjugaison en re, temps dérivé.
très	adverbe.
nombreux	adjectif masculin pluriel, qualifie ils, qui tient la place des enfans d'Adam; il forme un superlatif absolu avec l'adverbe très.
ils	pronom personnel, 3e. personne, masculin pluriel.
étaient	3e. personne plurielle de l'imparfait de l'indicatif du verbe substantif être, 4e. conjugaison en re, temps dérivé.
bien	adverbe.
coupables	adjectif masculin pluriel, qualifie ils, qui tient la place des enfans d'Adam; forme un superlatif absolu avec l'adverbe bien.
hélas	interjection.
ils	pronom personnel, 3e. personne, masculin pluriel.
avaient	3e. personne plurielle de l'imparfait de l'indicatif du verbe auxiliaire avoir, 3e. conjugaison en oir, temps dérivé.
déjà	adverbe.
oublié	participe passé masculin singulier du verbe actif oublier, 1re. conjugaison en er; temps primitifs : oublier, oubliant, oublié, j'oublie, j'oubliai.
(avaient oublié)	3e. personne plurielle du plusque-parfait de l'indicatif du verbe actif oublier, 1re. conjugaison en er, temps composé.
leur	adjectif possessif, féminin singulier.
céleste	adjectif féminin singulier, au positif, qualifie origine.
origine.	substantif commun, féminin singulier.

SECONDE PARTIE.

CHAPITRE Ier.

(Dans cette seconde partie, je vais donner des exemples d'analyses grammaticales, dans lesquels j'expliquerai le sujet, le régime direct et le régime indirect; j'y joindrai quelques explications sur l'analyse logique, avec des exemples sur cette analyse, la syntaxe, sur quelques difficultés de la Langue Française; sur les mots terminés en ANCE, ANSE, ENCE et ENSE, enfin, je terminerai par la ponctuation).

Avant d'aller plus loin, il est nécessaire de connaître le sujet, le régime direct, le régime indirect et les déterminatifs.

Le mot qui désigne la personne ou la chose qui est l'objet de l'affirmation énoncée par le verbe, s'appelle le sujet du verbe.

Pour connaître le sujet du verbe, il faut faire la question qui est-ce qui.

Exemples :

L'*enfant* étudie.

Pour trouver le sujet du verbe étudie, je fais la question : qui est-ce qui étudie ? J'ai pour réponse, l'*enfant*; donc l'enfant est le sujet du verbe étudie.

Le chat mange les souris.

Qui est-ce qui mange les souris ? réponse, *le chat*; donc le chat est le sujet du verbe mange.

Les *enfans sages* seront récompensés.

Qui est-ce qui sera récompensé? Réponse, les *enfans sages*; donc les enfans sages sont le sujet du verbe seront récompensés.

Napoléon vainquit les Russes dans les plaines de la Germanie.

Qui est-ce qui vainquit les Russes ? Réponse, *Napoléon* ; donc Napoléon est le sujet du verbe *vainquit*, etc.

Accord du Verbe avec le Sujet.

Le verbe s'accorde avec son sujet en nombre et en personne.

Exemples :

1°. Les hommes *sont* égaux devant Dieu.
2°. Cette femme *est* belle.
3°. Je *parle* trop.
4°. Ils ou elles *parlent* trop, etc.

Dans le premier exemple, le verbe *sont* est au pluriel et à la troisième personne, parce que le sujet *hommes* est du pluriel et de la troisième personne.

Dans le second exemple, le verbe *est* est au singulier et à la troisième personne, parce que le sujet *femme* est du singulier et de la troisième personne.

Dans le troisième exemple, le verbe *parle* est au singulier et à la première personne, parce que le sujet *je* est du singulier et de la première personne.

Dans le quatrième exemple, le verbe *parlent* est au pluriel et à la troisième personne, parce que le sujet *ils* ou *elles* est du pluriel et de la troisième personne.

Place des Sujets.

Ordinairement le sujet précède le verbe ; mais dans les phrases interrogatives, le pronom sujet se place toujours après.

Exemples :

Venez-*vous* ? arrivera-t-*il* ? Marcherons-*nous* ? etc.

Pour trouver le sujet dans ces sortes de phrases, il faut les changer en phrases affirmatives, et placer le pronom avant le verbe, puis faire la question : qui est-ce qui.

Exemple :

Venez-*vous* ? Je dis : *vous* venez. Pour trouver le

jet, je fais la question: qui est-ce qui vient? Réponse, *vous*; donc vous est le sujet du verbe venez.

On peut en faire autant pour toutes les phrases interrogatives.

Le sujet se met encore après le verbe, quand on cite les paroles d'un autre.

Exemple :

Je me trouve le plus heureux des *hommes*, disait un bon père, quand mes enfans sont réunis autour de moi.

Du Régime.

On appelle régime ou complément, un mot qui achève d'exprimer, qui complète l'idée commencée par un autre mot.

Parmi les complémens on en distingue de deux sortes; l'un qui complète *directement* et l'autre *indirectement*, de sorte que nous connaissons deux régimes, l'un *direct* et l'autre *indirect*.

1°. Le régime direct est celui qui achève d'exprimer directement l'idée commencée par le verbe. Il répond à la question *qu'est-ce que*, ou bien aux questions *qui*, pour les personnes, et *quoi*, pour les choses.

Exemples :

J'aime mon *père*.

Qu'est-ce que j'aime? Réponse, *mon père*; donc mon père est le régime direct du verbe aime.

Ou bien, j'aime, qui? Réponse, *mon père*.

Je bâtis une *maison*.

Qu'est-ce que je bâtis? Réponse, une *maison*.

Ou bien, je bâtis, quoi? Réponse, une *maison*.

2°. Le régime *indirect* est celui qui complète indirectement l'idée commencée par le verbe, c'est-à-dire qui ne la complète qu'à l'aide d'une préposition exprimée ou sous-entendue; il est le terme de l'action que le verbe exprime; il répond aux questions *à qui? de qui? pour qui? par qui?* etc., pour les personnes; *à quoi, pourquoi? de quoi?* etc., pour les choses. Il répond également aux mots *où? comment?*

Exemples :

Je parle à *mon frère.*

Je parle à qui ?—à *mon frère,*—A mon frère est le régime indirect de parle; il est le terme où aboutit l'action exprimée par ce verbe, et il n'achève de l'énoncer qu'avec le secours de la préposition *à*

REMARQUE. Il arrive souvent, lorsqu'un verbe actif est suivi d'un infinitif, que cet infinitif devient le régime direct du verbe actif.

Exemples :

Eugène commence à *étudier*.

Question. Qu'est-ce qu'Eugène commence? Réponse, à *étudier*; donc étudier est le régime direct du verbe commence, la préposition *à* n'est employée ici que pour satisfaire l'oreille, et grammaticalement elle est inutile.

Il vous a recommandé de *lire.*

Qu'est-ce qu'il vous a recommandé ? Réponse, de *lire ;* de lire est donc le régime direct du verbe a recommandé, etc.

Ainsi un verbe peut avoir pour régime un *infinitif*, comme : La religion seule peut faire *supporter* de grandes infortunes; ou un *substantif :* il écrit une *lettre ;* ou enfin, un *pronom :* les yeux de l'amitié *se* trompent rarement.

Le verbe actif a, ou peut avoir un régime direct.

Exemple :

Elle commande le *respect.*

Le verbe passif a pour régime un *nom* ou un *pronom*, précédé des prépositions *de* ou *par.*

Exemple :

Le bois est brûlé par le *feu.*

Quelques verbes neutres sont sans régime, comme *languir*, *dormir*; beaucoup de ces verbes ont un régime accompagné de la préposition *à* ou *de.*

Exemples :

Il nuit *à* sa santé. Elle médit *de* son prochain.

Enfin, un grand nombre de ces verbes prennent diverses prépositions.

Exemples :

Il règne *sur* un peuple brave. Tu tomberas *dans* un fossé.

Le régime de ces verbes est indirect, parce que les verbes neutres n'en n'ont pas d'autres.

Les verbes *pronominaux* ont pour régime les pronoms *me*, *te*, *se*, *nous* et *vous* ; ces pronoms sont quelque fois régime direct.

Exemple :

Je *me* promène,—me est régime direct,—moi promène moi.—Qu'est-ce que moi promène? Réponse, *moi.*

Et quelque fois ces pronoms sont régime indirect.

Exemple :

Il *me* donne des louanges.

A qui donne-t-il des louanges? Réponse à *moi.*

Enfin, les verbes *unipersonnels* n'ont ordinairement qu'un régime *indirect.*

Exemple :

Il importe à votre *frère* de veiller à l'éducation de son fils.

On peut aussi nommer le régime indirect, régime de la préposition qui le régit.

Remarques essentielles.

Le sujet est toujours du même nombre et de la même personne que le verbe.

L'article suit le genre et le nombre du substantif.

L'adjectif est toujours du même genre et du même nombre que le substantif qu'il qualifie.

Le pronom est toujours du même genre, du même nombre et de la même personne que le substantif qu'il remplace.

Ainsi, dans une proposition, quand on connaît le genre et le nombre de l'article, on connaît également celui du substantif, puisqu'il est le même ; on connaît aussi celui de l'adjectif et enfin, on connait celui du pronom qui remplacera le substantif, puis le nombre et la personne du verbe quand on a cherché son sujet.

Cela posé, les élèves s'apercevront facilement qu'avec un peu de réflexion, ils ne feront aucune faute dans ces cinq parties du discours.

On a donné le nom de déterminatifs à certains mots qui sont joints au sujet, et qui servent à le déterminer.

Exemples :

La ville de *Paris* est belle.

Le sujet est *ville* et son déterminatif est *de Paris*, qui dit de quelle ville on voulait parler.

« Les capitaines de ce conquérant s'établirent gouver-
« neurs des grandes provinces. »

Le sujet est *capitaines* et son déterminatif est *de ce conquérant* (Alexandre); il dit de quel conquérant on voulait parler.

EXEMPLES D'ANALYSE.

Sujets et Régimes.

PREMIER EXEMPLE.

Le riche donne du pain au pauvre.

Le	article simple, masculin singulier, détermine riche.
riche	substantif commun, masculin singulier, sujet du verbe donne.
donne	3e. personne singulier du présent de l'indicatif du verbe actif donner, 1re. conjugaison en er, temps primitifs : donner, donnant, donné, je donne, je donnai.
du	article masculin singulier, composé de *de*, préposit., et de *le*, article, détermine pain.
pain	substantif commun, masculin singulier, régime direct du verbe donne.

au	article masculin singulier, composé de *à*, préposition, et de *le*, article, détermine pauvre.
pauvre.	substantif commun, masculin singulier, régime indirect du verbe donne, ou régime de la préposition *à*, contenue dans l'article *au*.

DEUXIÈME EXEMPLE.

Quand les enfans d'Adam se furent multipliés sur la terre, ils devinrent méchans.

Quand	conjonction.
les	article simple, masculin pluriel, détermine enfans.
enfans	substantif commun, masculin pluriel, sujet du verbe furent multipliés.
de	préposition.
Adam	substantif propre, masculin singulier, régime de la préposition *de*.
se	pronom personnel, 3e. personne masculin, pluriel (pour eux), régime direct du verbe furent multipliés. (Quand les enfans d'Adam eurent multiplié eux.)
furent	3e. personne plurielle du prétérit défini du verbe auxiliaire être, 4e. conjugaison en re, temps primitifs: être, étant, été, je suis, je fus.
multipliés	participe passé masculin pluriel du verbe actif multiplier, 1re. conjugaison en er, temps primitifs: multiplier, multipliant, multiplié, je multiplie, je multipliai.
(furent multipliés)	3e. personne plurielle du prétérit indéfini du verbe pronominal se multiplier, 1re. conjugaison en er, temps composé.
sur	préposition.

la	article simple, féminin singulier, détermine terre.
terre	substantif propre, féminin singulier, régime de la préposition *sur*.
ils	pronom personnel, 3e. personne, masculin pluriel (pour enfans d'Adam), sujet du verbe devinrent.
devinrent	3e. personne plurielle du prétérit défini du verbe neutre devenir, 2e. conjugaison en ir, temps primitifs : devenir, devenant, devenu, je deviens, je devins.
méchans.	adjectif masculin pluriel, au positif, qualifie *ils*, qui tient la place d'enfans d'Adam.

TROISIÈME EXEMPLE.

L'aube matinale décline par degrés; ses couleurs, d'un gris obscur, s'effacent et se perdent dans les rayons de feu qui remplissent les cieux et vont éclairer la terre.

La	article simple, féminin singulier, détermine aube.
aube	substantif commun, féminin singulier, sujet du verbe décline.
matinale	adjectif féminin singulier, au positif, qualifie aube.
décline	3e. personne singulier du présent de l'indicatif du verbe neutre décliner, 1re. conjugaison en er, temps primitifs : décliner, déclinant, décliné, je décline, je déclinai.
par	préposition.
degrés	substantif commun, masculin pluriel, régime de la préposition *par*.
ses	adjectif possessif, féminin pluriel.
couleurs	substantif commun, féminin pluriel, sujet des verbes effacent et perdent.
de	préposition.

un	espèce d'article, masculin singulier, détermine gris.
gris	substantif commun, masculin singulier, régime de la préposition *de*.
obscur	adjectif masculin singulier, au positif, qualifie gris.
se	pronom personnel, 3e. personne, féminin pluriel, régime direct du verbe effacent. —*Se* est employé pour *elles*, les couleurs. (Ses couleurs effacent elles.)
effacent	3e. personne plurielle du présent de l'indicatif du verbe pronominal s'effacer, 1re. conjugaison en er, temps primitifs : s'effacer, s'effaçant, s'étant effacé, je m'efface, je m'effaçai.
et	conjonction.
se	pronom personnel, 3e. personne, féminin pluriel, régime direct du verbe perdent. *Se* est employé pour *elles*, les couleurs. (Ses couleurs perdent elles.)
perdent	3e. personne plurielle du présent de l'indicatif du verbe pronominal se perdre, 4e. conjugaison en re, temps primitifs : se perdre, se perdant, s'étant perdu, je me perds, je me perdis.
dans	préposition.
les	article simple, masculin pluriel, détermine rayons.
rayons	substantif commun, masculin pluriel, régime de la préposition *dans*.
de	préposition.
feu	substantif commun, masculin singulier, régime de la préposition *de*.
qui	pronom relatif, 3e. personne, masculin pluriel, parce qu'il se rapporte à rayons, sujet du verbe remplissent.
remplissent	3e. personne plurielle du présent de l'indi-

	catif du verbe actif remplir, 2e. conjugaison en ir, temps primitifs : remplir, remplissant, rempli, je remplis, je remplis.
les	article simple, masculin pluriel, détermine cieux.
cieux	substantif commun, masculin pluriel, régime direct du verbe remplissent.
et	conjonction.
(qui)	sous-entendu ;— sujet de vont.
vont	3e. personne plurielle du présent de l'indicatif du verbe neutre aller, 1re. conjugaison en er, temps primitifs : aller, allant, allé, je vais, j'allai.
éclairer	infinitif présent du verbe actif éclairer, 1re. conjugaison en er, temps primitifs : éclairer, éclairant, éclairé, j'éclaire, j'éclairai.
la	article simple, singulier féminin, détermine terre.
terre	substantif propre, féminin singulier, régime direct du verbe éclairer.

CHAPITRE II.

DE L'ANALYSE LOGIQUE.

L'analyse *logique* est l'examen de la proposition dans son ensemble ; elle considère moins les mots que les idées.

Par l'analyse logique, les élèves apprennent à séparer les propositions et à faire accorder les mots, qui les composent, les uns aux autres.

La *proposition* est l'énonciation d'un jugement ; quand je dis : Dieu est juste, il y a là une proposition, parce que je juge, j'affirme que la qualité de juste convient à Dieu.

Il y a deux sortes de propositions : la proposition *principale*, et la proposition *incidente*.

La proposition *principale* est celle qui occupe le premier rang dans l'énonciation de la pensée, elle est ou *absolue* ou *relative*.

La proposition principale *absolue* est celle qui a un sens complet par elle-même, et qui peut exister sans le secours d'aucune autre proposition.

Exemple :

Ni l'or, ni la grandeur ne nous rendent heureux.

LAFONTAINE.

La proposition principale *relative* est celle qui est liée à une autre proposition pour faire un sens total.

Exemple :

L'ame du sage est toujours contente ; elle lutte avec un courage égal contre le malheur et contre la prospérité.

La première proposition, l'ame du sage est toujours contente, est une proposition principale *absolue* ; la seconde, elle lutte, etc., est une proposition principale *relative*.

La proposition *incidente* est celle qui est ajoutée à une proposition précédente pour la déterminer ou pour l'expliquer, d'où il suit, qu'il y a deux sortes de propositions incidentes : la proposition incidente *déterminative*, et la proposition incidente *explicative*.

La proposition incidente *déterminative* détermine une proposition précédente, à laquelle elle est jointe d'une manière indivisible.

Exemple :

La gloire qui vient de la vertu, a un éclat immortel ; les mots : *qui vient de la vertu*, forment une proposition incidente, liée au sujet gloire, dont elle est un supplément déterminatif, cette proposition est indispensable au sens de la proposition qui précède, on ne saurait la retrancher.

La proposition incidente *explicative* explique la proposition précédente, à laquelle elle est jointe d'une manière divisible.

Exemple :

Les savans qui sont plus instruits que le commun des hommes, devraient aussi les surpasser en sagesse. . . . . *qui sont plus instruits que le commun des hommes*, voilà la proposition incidente explicative ; elle est le supplément explicatif de la proposition qui précède parce qu'elle sert à en développer l'idée. Cette proposition peut se retrancher sans nuire à l'intégrité du sens de la proposition précédente (1).

On peut dire : les savans devraient surpasser les autres hommes en sagesse.

Du Sujet.

Le *sujet* est simple quand il ne présente qu'une idée unique.

Exemples :

Dieu est juste.

Les hommes sont méchans.

Il est composé, quand il présente plusieurs idées auxquelles peut convenir séparément le même attribut.

Exemple :

Le *travail* et le *repos* sont utiles à la santé.

Le sujet est *incomplexe* quand il n'a point de modificatif.

Exemple :

Les *hommes* se ressemblent.

Le sujet est *complexe* quand il est accompagné de quelque complément.

Exemple :

Les grands *hommes* coûtent quelquefois bien cher.

L'adjectif grands modifie hommes et forme son complément.

De l'Attribut.

L'*attribut* est *simple*, quand il n'exprime qu'une seule manière d'être du sujet.

---

(1) M. Chapsal.

Exemples :

Dieu est grand—*est grand* est un attribut simple.

Dieu gouverne toutes les parties de l'univers—*est gouvernant*, est un attribut simple.

Chacun de ces attributs n'exprime qu'une seule manière d'être du sujet.

L'attribut est *composé*, quand il exprime plusieurs manières d'être du sujet.

Exemple :

Dieu est *juste* et tout *puissant.*

Juste et *tout puissant* forment un attribut composé, parce qu'il comprend deux manières d'être du sujet Dieu, la justice et la toute puissance.

Le régime *direct* ou complément *objectif* est également simple ou composé ; il en est de même du régime indirect ou complément terminatif.

ANALYSE LOGIQUE.

PREMIER EXERCICE.

Les loteries étaient connues des anciens, mais l'usage des loteries modernes nous vient de l'Italie ; elles ont été inventées par un Génois ; cet homme a rendu un très mauvais service à ses semblables par cette funeste découverte.

Cette phrase renferme quatre propositions ; savoir :

Une principale absolue, une incidente déterminative et deux principales relatives.

Les loteries étaient connues des anciens,	Proposition principale *absolue*. Le sujet est les *loteries*, simple parce qu'il n'exprime qu'une idée, incomplexe parce qu'aucun modificatif n'y est joint.—*L'attribut* est *étaient connues*, simple parce qu'il n'exprime qu'une manière d'être du sujet, com-

plexe parce qu'il a pour complément terminatif des *anciens*.

Proposition incidente *déterminative*.

Le sujet est *l'usage*, simple parce qu'il n'exprime qu'une idée, complexe parce qu'il a pour déterminatif des *loteries modernes*. — L'attribut est *venant*, simple parce qu'il n'exprime qu'une manière d'être du sujet, complexe parce qu'il a pour complément terminatif *nous* et pour déterminatif de *l'Italie*.

mais l'usage des loteries modernes nous vient de l'Italie ;

Proposition principale *relative*.

Le sujet est *elles*, qui rappelle l'idée des loteries, simple parce qu'il n'exprime qu'une idée, incomplexe parce qu'aucun modificatif n'y est joint; *l'attribut* est *inventant*, simple parce qu'il n'exprime qu'une manière d'être du sujet, complexe parce qu'il a pour complément terminatif *par un Génois*.

elles ont été inventées par un Génois ;

Proposition principale *relative*.

Le sujet est *homme*, simple parce qu'il n'exprime qu'une idée, complexe parce qu'il a pour modificatif l'adjectif démonstratif *cet*. L'attribut est *rendant*, simple parce qu'il n'exprime qu'une manière d'être du sujet, complexe parce qu'il a pour complément objectif *un très mauvais service*, pour complément terminatif *à ses semblables*, et pour déterminatif *par cette funeste découverte*.

cet homme a rendu un très mauvais service à ses semblables par cette funeste découverte.

2e. EXERCICE.

Les poires, que nous avons cueillies dans le jardin, étaient bonnes : vous en avez mangé votre part.

Cette phrase contient trois propositions, savoir :

Une principale absolue, une incidente explicative, et une principale relative.

Les poires étaient bonnes,	Proposition principale *absolue*. Le sujet est *poires*, simple parce qu'il n'exprime qu'une idée, incomplexe parce qu'aucun modicatif n'y est joint. L'attribut est *étaient bonnes*, simple parce qu'il n'exprime qu'une manière d'être du sujet, incomplexe parce qu'il n'a point de complément.
que nous avons cueillies dans le jardin,	Proposition incidente *explicative*. Le sujet est *nous*, simple parce qu'il n'exprime qu'une idée, incomplexe parce qu'il n'a point de modificatif. — L'attribut est *cueillant*, simple parce qu'il n'exprime qu'une manière d'être du sujet, complexe parce qu'il a pour complément objectif *que*, qui rappelle l'idée de poires, et pour complément terminatif *dans le jardin*.
vous en avez mangé votre part.	Proposition principale *relative*. Le sujet est *vous*, simple parce qu'il n'exprime qu'une idée, incomplexe parce qu'il n'a point de modificatif. L'attribut est *mangeant*, simple parce qu'il n'exprime qu'une manière d'être du sujet, complexe parce qu'il a pour complément objectif *votre part*, et pour complément terminatif le pronom relatif *en*, employé pour cela — vous avez mangé votre part de cela, des poires.

3e. EXERCICE.

L'aube matinale décline par degrés, ses couleurs d'un gris obscur s'effacent et se perdent dans les rayons de feu qui remplissent les cieux et vont couvrir la terre.

Cette phrase renferme quatre propositions; savoir :

Une principale absolue, une principale relative et deux incidentes explicatives.

L'aube matinale décline par degrés ;	Proposition principale *absolue*. Le sujet est *aube*, simple parce qu'il n'exprime qu'une idée, complexe parce qu'il a pour modificatif l'adjectif *matinale*.—L'attribut est *déclinant*, simple parce qu'il n'exprime qu'une manière d'être du sujet, complexe parce qu'il a pour complément terminatif *par degrés*.
ses couleurs d'un gris obscur s'effacent et se perdent dans les rayons de feu,	Proposition principale *relative*. Le sujet est *couleurs*, simple parce qu'il n'exprime qu'une idée, complexe parce qu'il a pour modificatif l'adjectif possessif *ses* et pour déterminatif *d'un gris obscur*.—L'attribut est *effaçant* et *perdant*, composé parce qu'il exprime plus d'une manière d'être du sujet, complexe parce qu'il a pour complément objectif *se*, pour elles, les couleurs, et pour complément terminatif *dans les rayons de feu*.
qui remplissent les cieux	Proposition incidente *explicative*. Le sujet est *qui*, qui rappelle l'idée de rayons, simple parce qu'il n'exprime qu'une idée, incomplexe parce qu'aucun modificatif n'y est joint.—L'attribut est *remplissant*, simple parce qu'il n'exprime qu'une manière d'être du sujet, complexe parce qu'il a pour complément objectif *les cieux*.
et (qui) vont	Proposition incidente *explicative*. Le sujet est *qui*, sous-entendu pour rayons, simple parce qu'il n'exprime

couvrir la terre	qu'une idée, inromplexe parce qu'il n'a point de complément.—L'attribut est *vont couvrir*, simple parce qu'il n'exprime qu'une manière d'être du sujet, complexe parce qu'il a pour complément objectif *la terre*.

4e. EXERCICE.

Le soleil, ce père du jour, répand sa splendeur matinale; toutes les créatures s'animent; des millions d'insectes recouvrent l'existence; les oiseaux s'éveillent et remplissent l'air de mille chants harmonieux; les moutons, par un doux bêlement, marquent leur tendre sensation et leur reconnaissance; le vallon retentit d'une musique champêtre, l'écho ne répète que des sons d'allégresse et de joie.

Cètte phrase renferme huit propositions; savoir:

Uné principale absolue, et 7 principales relatives.

Le soleil ce père du jour, répand sa splendeur matinale.	Proposition principale *absolue*. Le sujet est *soleil*, simple parce qu'il n'exprime qu'une idée, complexe parce qu'il a pour déterminatif ce *père du jour*.—L'attribut est *répandant*, simple parce qu'il n'exprime qu'une manière d'être du sujet, complexe parce qu'il a pour complément objectif *sa splendeur matinale*.
toutes les créatures s'animent	Proposition principale *relative*. Le sujet est *créatures*, simple parce qu'il n'exprime qu'une idée, complexe parce qu'il a pour modificatif l'adjectif *toutes*.—L'attribut est *animant*, simple parce qu'il n'exprime qu'une manière d'être du sujet, complexe parce qu'il a pour complément objectif *se*, pour elles créatures.

	Proposition principale *rélative.*
des millions d'insectes recouvrent l'existence	Le sujet est *insectes*, simple parce qu'il n'exprime qu'une idée, complexe parce qu'il a pour modificatif l'adjectif de nombre *millions*. — L'attribut est est *recouvrant*, simple parce qu'il n'exprime qu'une manière d'être du sujet, complexe parce qu'il a pour complément objectif *l'existence.*
	Proposition principale *rélative.*
les oiseaux s'éveillent	Le sujet est *oiseaux*, simple parce qu'il n'exprime qu'une idée, incomplexe parce qu'il n'a point de modificatif. — L'attribut est *éveillant*, simple parce qu'il n'exprime qu'une manière d'être du sujet, complexe parce qu'il a pour complément objectif *se*, pour eux, les oiseaux.
	(Les oiseaux éveillent eux.)
	Proposition principale *relative.*
(ils) remplissent l'air de mille chants harmonieux	Le sujet est *ils* sous-entendu (pour oiseaux), simple parce qu'il n'exprime qu'une idée, incomplexe parce qu'aucun modificatif n'y est joint. — L'attribut est *remplissant*, simple parce qu'il n'exprime qu'une manière d'être du sujet, complexe parce qu'il a pour complément objectif *l'air*, et pour complément terminatif *de mille chants harmonieux.*
	Proposition principale *relative.*
les moutons, par un doux bêlement, marquent leur tendre sensation et leur reconnaissance.	Le sujet est *moutons*, simple parce qu'il n'exprime qu'une idée, incomplexe parce qu'il n'a point de complément. — L'attribut est *marquant*, simple parce qu'il n'exprime qu'une manière d'être du sujet, complexe parce qu'il a pour compléments objectifs *leur tendre sensation et leur reconnaissance*,

et pour complément terminatif *par un doux bêlement.*

Proposition principale *relative.*

le vallon retentit d'une musique champêtre

Le sujet est *vallon*, simple parce qu'il n'exprime qu'une idée, incomplexe parce qu'il n'a point de modificatif. — L'attribut est *retentissant*, simple parce qu'il n'exprime qu'une manière d'être du sujet, complexe parce qu'il a pour complément terminatif d'une *musique champêtre.*

Proposition principale *relative.*

l'écho ne répète que des sons d'allégresse et de joie.

Le sujet est *écho*, simple parce qu'il n'exprime qu'une idée, incomplexe parce qu'aucun modificatif n'y est joint. — L'attribut est *répétant*, simple parce qu'il n'exprime qu'une manière d'être du sujet, complexe parce qu'il a pour compléments objectifs *des sons d'allégresse et de joie* et pour complément circonstanciel *ne que*, employés pour l'adverbe *seulement.*

5e. EXERCICE.

Il nous punit, nous, qui l'avons toujours défendu.

Cette phrase renferme 2 propositions, savoir :

Une principale absolue et une incidente explicative.

Proposition principale *absolue.*

Il nous punit, nous,

Le sujet est *il*, simple parce qu'il n'exprime qu'une idée, incomplexe parce qu'il n'a point de complément. — L'attribut est *punissant*, simple parce qu'il n'exprime qu'une manière d'être du sujet, complexe parce qu'il a pour complément objectif *nous*, *nous*, répété par Pléonasme (1).

Proposition incidente *explicative*..

qui l'avons toujours défendu.

Le sujet est *qui*, simple parce qu'il n'exprime qu'une idée, incomplexe étant sans modificatif.—L'attribut est *défendant*, simple parce qu'il n'exprime qu'une manière d'être du sujet, complexe parce qu'il a pour complément objectif *le* et pour complément circonstanciel l'adverbe *toujours*.

6e. EXERCICE.

Agir avec réflexion est le fait d'un homme sensé.

Cette proposition est principale.

Le sujet est *agir*, simple parce qu'il n'exprime qu'une idée, complexe parce qu'il a pour déterminatif *avec réflexion*.—L'attribut est *le fait*, simple parce qu'il n'exprime qu'une manière d'être du sujet, complexe parce qu'i a pour complément terminatif *d'un homme sensé*.

7e. EXERCICE.

Se glorifier de sa faute est une faute nouvelle.

Cette proposition est principale.

Le sujet est *glorifier*, simple parce qu'il n'exprime qu'une idée, complexe parce qu'il a pour complément direct *se* et pour déterminatif le régime indirect *de sa faute*.—L'attribut est *une faute nouvelle*, simple parce qu'il n'exprime qu'une manière d'être du sujet, incomplexe parce qu'il n'a point de complément.

(1) Pléonasme, addition de mots inutiles au sens, mais non à l'élégance de la phrase.

8e. EXERCICE.

Il importe que vous veniez.

Cette phrase contient deux propositions, savoir : Une principale absolue et une incidente déterminative.

Il importe	Proposition principale *absolue*. Le sujet est *il* (pour ceci), simple parce qu'il n'exprime qu'une idée, incomplexe parce qu'il n'a point de modificatif. — L'attribut est *important*, simple parce qu'il n'exprime qu'une manière d'être du sujet, complexe parce qu'il a pour complément objectif *que vous veniez*.
que vous veniez.	Proposition incidente *déterminative*. Le sujet est *vous*, simple parce qu'il n'exprime qu'une idée, incomplexe parce qu'aucun modificatif n'y est joint. — L'attribut est *venant*, simple parce qu'il n'exprime qu'une manière d'être du sujet, incomplexe parce qu'il n'a point de modificatif.

9e. EXERCICE.

Que faut-il pour renverser les empires ?

Pour analyser cette phrase, il faut nécessairement remplir l'ellipse (1) qu'elle présente, et la rétablir de la manière suivante :

Je demande la chose qu'il faut avoir pour renverser les empires ?

Je trouve deux propositions : une principale absolue et une incidente déterminative.

(1) On entend par ellipse la suppression de mots dans une phrase.

Je demande la chose	Proposition principale *absolue.* Le sujet est *je*, simple parce qu'il n'exprime qu'une idée, incomplexe parce qu'il n'a point de modificatif. — L'attribut est *demandant*, simple parce qu'il n'exprime qu'une manière d'être du sujet, complexe parce qu'il a pour complément objectif *la chose.*
qu'il faut (avoir) pour renverser les empires.	Proposition incidente *déterminative.* Le sujet est *il* (pour ceci, avoir laquelle chose *pour renverser les empires*). Ce sujet est simple, parce qu'il énonce une seule idée; il est complexe, parce qu'il est déterminé par les mots *avoir laquelle chose pour renverser les empires.* — L'attribut est *faut*, cet attribut est simple, parce qu'il n'exprime qu'une manière d'être du sujet; incomplexe, parce qu'il n'a point de modificatif.

CHAPITRE III.

Remarques sur l'Analyse Logique

ET SUR L'ANALYSE GRAMMATICALE.

Les élèves doivent être exercés à trouver facilement les propositions. Pour y parvenir, on leur fait une dictée ; puis, chaque élève souligne les mots qui appartiennent à chaque proposition ; ils placent ensuite un chiffre sur ces lignes ou sur chaque partie de proposition, car une proposition se trouve assez souvent coupée par une incidente, et ils connaissent ainsi le nombre de propositions contenues dans une phrase; cet exercice les conduit aussi à la ponctuation.

Exemples :

Les efforts que notre brave armée a faits sur le bord du Rhin, quand elle y combattit les ennemis de la France, lorsqu'ils essayèrent d'envahir notre patrie, furent couronnés du plus brillant succès.

Les eaux, que nous regardions, coulaient d'une manière vagabonde, lorsque les pluies tombaient en abondance, dans un canal profond, qui communique à la mer.

Ces deux exemples seront suffisans ; maintenant, je vais expliquer comment on doit s'y prendre pour enseigner les parties du discours de manière que les élèves s'instruisent en s'amusant. Voici ce qu'on doit faire : On fait une dictée ; puis, quand elle est terminée, les élèves placent sur chaque mot la partie du discours à laquelle il appartient ; cet exercice est simple et instructif, il convient parfaitement aux commençans.

Exemples :

pron. p. verbe adj. dém. subs. c. pron. r. verbe prép. art. s. subs. pr.
Je chante ce héros qui régna sur la France
conj. prép. subs. c. prép. subs c. conj. prép. subs. c. prép. subs. c.
Et par droit de conquête et par droit de naissance.

pron. dém. pron. r. verbe esp. d'art. subs. c. prép. art. s. subs. c. art. c. subs. c.
Celui qui met un frein à la fureur des flots,
verbe adverbe art. c. subs. c. inf. prés. art. s. subs. c.
Sait aussi des méchans arrêter les complots.

CHAPITRE IV.

DE LA SYNTAXE.

De la Phrase.

Une *phrase* est l'assemblage de mots réunis pour l'expression d'une idée quelconque.

La phrase comprend une ou plusieurs propositions; il ne faut donc pas confondre le mot phrase avec le mot proposition.

Syntaxe de l'Article.

La place de l'article est toujours *avant* le substantif.

Le, placé avant plus est quelquefois article et quelquefois ne l'est point; alors il forme un adverbe avec plus; quand on peut le mettre au pluriel, il est article; mais, quand on ne le peut point, il reste adverbe avec plus.

L'article modifiant le substantif auquel on le joint, en indiquant une vue particulière de l'esprit, doit, de même que l'adjectif, s'accorder toujours en genre et en nombre avec le substantif qu'il accompagne.

Exemple :

La beauté *la* plus rare est fragile et mortelle.

WAILLY.

L'article servant à déterminer la signification du substantif doit se répéter avant chaque substantif.

Exemples :

Le cœur, *l'*esprit, *les* mœurs, tout gagne à *la* culture.

On ne doit pas dire : *Les* maréchaux et généraux furent présentés à l'empereur—Il faut dire : *Les* maréchaux et *les* généraux furent présentés, etc.

On ne répète point l'article, quand les adjectifs unis par *et* modifient un seul et même substantif, de manière qu'on ne puisse pas en sous-entendre un autre.

Exemple :

Le sage et pieux Fénélon a des droits bien acquis à l'estime générale.

Mais lorsqu'il y a deux adjectifs unis par la conjonction *et*, dont l'un modifie un substantif exprimé, l'autre un substantif sous-entendu, l'article doit se répéter.

Exemples :

L'histoire ancienne et *la* moderne. (sous-entendu l'histoire moderne.)

Les philosophes anciens et *les* modernes. (sous-entendu les philosophes modernes.)

Le premier et *le* second étage (sous-entendu le premier étage.)

On peut ne pas répéter l'article avant les adjectifs.

Exemple :

L'élégant et fidèle traducteur de Cornélius Népos, l'abbé Paul.

Syntaxe des Substantifs.

Le *substantif* a trois fonctions dans le discours, il y est ou sujet, ou complément, ou en apostrophe.

Il est *sujet* toutes les fois qu'il est l'être dont on affirme quelque chose, et que c'est à lui que tout se rapporte dans le discours..

Exemple :

Les *soldats* se sont conduits en héros, *ils* ont été victorieux.

Il est complément, quand il achève d'exprimer l'idée commencée par un autre mot.

Exemple :

Le riche donne du *pain* au *pauvre*.

Il est en *apostrophe* ou en *compellatif* lorsqu'il est la personne ou la chose à laquelle on adresse la parole.

Exemples :

Rois, écoutez les cris de vos peuples. *Dieu*, réponds à nos prières. *Peuples*, prêtez l'oreille. *Terre*, écoute, etc.

Explications sur divers Substantifs qui prennent les deux genres ou qui offrent quelques difficultés.

Dans un substantif composé, il entre :

Premièrement, un substantif accompagné Ou d'un autre substantif	garde-bois ;
Ou d'un adjectif.	loup-marin ; petit-maître ;
Ou d'un mot qui ne s'emploie plus isolément	loup-garou ;
Ou d'un adverbe.	quasi-délit ;
Ou d'une partie initiale inséparable. .	vice-président ;
Ou d'un mot altéré, c'est-à-dire dont la forme est changée.	contre-danse.

NOTA. Le substantif composé peut renfermer aussi un nom propre, comme dans : Jean-le-Blanc, Messire-Jean, Bon-Henri, Reine-Claude, etc., etc.

Dans un substantif composé, il entre :

Deuxièmement, un verbe accompagné Ou d'un substantif.	passe-temps ;
Ou d'un adjectif.	passe-dix ;
Ou d'un second verbe	passe-passe ;
Ou d'une préposition	passe-avant ;
Ou d'un adverbe	passe-partout.

Dans un substantif composé, il entre :

Troisièmement, une préposition accompagnée Ou d'un substantif.	après-dînée ;
Ou d'un adjectif	haute-contre ;
Ou d'un adverbe	après-demain ;

Dans un substantif composé, il entre :

Quatrièmement, plus de deux mots.	arc-en-ciel ; eau-de-vie ; tête-à-tête ; boute-en-train.

Dans un substantif composé, il entre :

Cinquièmement, plusieurs mots étrangers	post-scriptum ; mezzo-termine ; auto-da-fé ; forte-piano.

L'usage varie beaucoup sur la formation du pluriel de ces substantifs composés ; les uns, les regardant comme de véritables substantifs, qui, en résultat, ne réveillent plus qu'une seule idée, ne mettent le signe du pluriel qu'à la fin, quels que soient les mots dont ils sont composés ; ils écrivent des *prie-dieux*, des *arc-en-ciels*, des *coup-d'œils*, etc.

Mais (comme l'observe M. Boniface), puisque ces grammairiens regardent ces expressions comme un seul mot, pourquoi emploient-ils le trait d'union ? et s'ils ôtent ce trait d'union, comment pour se conformer à la prononciation écriront-ils *arc-en-ciel*, qui, sans trait d'union, ferait *arcenciel*, etc.

D'autres, tels que Wailly et Lévisac, mettent au pluriel chaque substantif et chaque adjectif qui se trouve dans une expression composée, employée au pluriel, à moins qu'une préposition ne les sépare ; et, dans ce cas, le second seul reste invariable. Ainsi ils écrivent des *abat-vents*, des *contre-jours*, des *rouges-gorges*, des *eaux-de-vie*, des *chefs-d'œuvre*.

M. Boniface donne cette règle pour les substantifs composés.

« Tout *substantif composé* qui n'est point encore « passé à l'état de mot ; c'est-à-dire, dont les traits « d'union ne sont point supprimés, doit s'écrire au « singulier et au pluriel suivant que la nature et le sens « des mots partiels exigent l'un ou l'autre ; c'est la dé- « composition de l'expression qui fait donner aux par- « ties composantes le nombre que le sens indique. »

Exemples :

Singulier.	Pluriel.
Abat-jour,	des abat-jour.
Abat-vent,	des abat-vent.
Aigue-marine,	des aigues-marines.
Appui-main,	des appui-main.
Arc-boutant,	des arcs-boutans.
Bain-marie,	des bains-marie.
Belle-de-nuit,	des belles-de-nuit.
Blanc-seing,	des blancs-seings.
Bon-chrétien,	des bons-chrétiens.
Boute-en-train,	des boute-en-train.
Boute-feu,	des boute-feu.
Brise-vent,	des brise-vent.
Casse-cou,	des casse-cou.
Chasse-marée,	des chasse-marée.
Chauve-souris,	des chauves-souris.
Chef-d'œuvre,	des chefs-d'œuvre.
Chou-fleur,	des choux-fleurs.
Colin-maillard,	des colin-maillard.
Contre-danse,	des contre-danses.
Contre-jour,	des contre-jour.
Contre-poison,	des contre-poison.
Courte-pointe,	des courtes-pointes.
Couvre-chef,	des couvre-chef.
Couvre-feu,	des couvre-feu.
Cul-de-jatte,	des culs-de-jatte.
Cros-en-jambe,	des crocs-en-jambes.

Dame-jeanne,	des dames-jeannes.
Eau-de-vie,	des eaux-de-vie.
Fouille-au-pot,	des fouille-au-pot.
Gagne-denier,	des gagne-denier.
Gagne-pain,	des gagne-pain.
Gâte-métier,	des gâte-métier.
Hausse-col,	des hausse-col.
Haute-futaie,	des hautes-futaies.
Mouille-bouche,	des mouille-bouche.
Passe-droit,	des passe-droit.
Passe-partout,	des passe-partout.
Passe-port,	des passe-port.
Perce-neige,	des perce-neige,
Pied-à-terre,	des pied-à-terre.
Pied-plat,	des pieds-plats.
Plain-chant.	des plains-chants.
Pont-neuf,	des ponts-neufs.
Porte-aiguille,	des porte-aiguille.
Pot-de-vin,	des pots-de-vin.
Reine-claude,	des reines-claudes.
Réveille-matin,	des réveille-matin.
Sage-femme,	des sages-femmes.
Sauf-couduit,	des saufs-conduits.
Tête-à-tête,	des tête-à-tête.
Terre-plein,	des terre-pleins.
Tire-balle,	des tire-balle.
Tire-lire,	des tire-lires.
Trouble-fête,	des trouble-fête.
Vole-au-vent,	des vole-au-vent.

Il y a des substantifs *composés* dont le second mot doit prendre la marque du pluriel, quoique le substantif composé soit employé au singulier.

On écrira au singulier comme au pluriel, avec la lettre *s*, au second mot.

Un brèche-dents.	Un casse-noisettes.
Un chasse-chiens.	Un chasse-mouches.

Un cent-suisses.
Un chèvre-feuilles.
Un couvre-pieds.
Un cure-oreilles.
Un entre-côtes.
Un lave-mains.
Une garde-robes.
Un haut-de-chausses.
Un porc-épics.
Un quinze-vingts.
Un sous-ordres.
Un vide-bouteilles.
Un chevau-légers.
Un claque-oreilles.
Un cure-dents.
Un entr'actes.
Un essuie-mains.
Un garde-fous.
Un gobe-mouches.
Un pese-liqueurs.
Un porte-mouchettes.
Un serre-papiers.
Un tire-bottes (1).

Nous allons arrêter ces citations et passer aux genres des substantifs.

Le mot équivoque est du féminin.

Automne est masculin.

Epiderme est masculin.

Aide est féminin, quand ce mot signifie l'assistance; il est masculin dans aide de camp, etc.

Aigle est féminin, en terme d'armoirie; il est masculin, quand on nomme l'oiseau de ce nom.

Amour est masculin en prose; il peut être féminin dans la poésie.

Couple est féminin, quand il marque seulement le nombre de deux; il est masculin, quand il signifie le mâle et la femelle.

Délice est masculin au singulier et féminin au pluriel.

Écho est masculin, quand il marque la répétition du son; il est féminin, quand il désigne la nymphe qui portait ce nom.

Enfant est masculin, quand ce mot désigne un garçon; il est féminin, quand il désigne une fille.

Enseigne est masculin, quand il désigne celui qui porte le drapeau; dans toute autre acception, il est féminin: l'enseigne de telle auberge, etc.

---

(1) Grammaires des Grammaires.

Exemple est toujours masculin, excepté quand il signifie un modèle d'écriture.

Foudre est des deux genres : un foudre de guerre ; la foudre est tombée.

Garde est masculin, lorsqu'il signifie un homme armé pour en garder un autre ; il est féminin, lorsqu'il présente une réunion d'hommes : la garde nationale.

Gens est masculin, lorqu'il est suivi d'un adjectif : gens instruits ; il est féminin, lorsque l'adjectif le précède : bonnes gens.

Guide est masculin, lorsqu'il indique celui qui en conduit un autre ; il est féminin, quand il signifie la rène qui sert à conduire un cheval.

Hymne est masculin ; il ne s'emploie au féminin qu'en parlant des chants sacrés.

Manche est masculin, quand il désigne le manche d'un instrument ; il est féminin, lorsqu'il indique la partie d'un vêtement dans laquelle on met le bras.

Manœuvre est masculin quand il désigne un homme qui travaille de ses mains ; il est féminin, quand il signifie les mouvemens des troupes, des vaisseaux, etc.

Oeuvre est féminin, quand ce mot signifie une action, un ouvrage ; il est masculin en parlant d'estampes.

Orgue est masculin au singulier ; il est féminin au pluriel.

Parallèle est féminin, quand il signifie deux lignes parallèles ; il est masculin quand il désigne un cercle parallèle à l'équateur.

Période est féminin, quand ce mot marque la révolution ou le cours d'un astre pour revenir au point d'où il était parti ; il est masculin au figuré.

Personne est féminin lorsqu'il signifie un homme ou une femme ; il est masculin lorsqu'il signifie nul, pas un, qui que ce soit.

Somme est masculin quand il signifie repos causé par l'assoupissement de tous les sens ; il est féminin, quand il signifie fardeau, quantité d'argent, rivière de Picardie.

Souris est masculin, quand il signifie ris modeste et

de courte durée ; il est féminin, quand il signifie le petit quadrupède de ce nom.

Vase est masculin, quand il signifie un vaisseau propre à contenir un liquide; il est féminin, quand il signifie la bourbe.

Il y a encore beaucoup d'autres substantifs qui ont les deux genres; l'énumération en serait trop longue : l'usage et le dictionnaire les feront connaître.

Syntaxe des Adjectifs.

Tout adjectif doit être au même genre et au même nombre que le substantif auquel il se rapporte.

Exceptions :

L'adjectif *demi* placé devant le substantif n'en prend point le genre, il le prend quand il est placé après : demi-heure, demi-année ; une heure et demie, etc.

L'adjectif *nu* placé devant le substantif est invariable; mais placé après, il en prend le genre et le nombre : nu-pieds, nu-jambes; pieds nus, jambes nues.

L'adjectif qui qualifie deux substantifs singuliers prend la marque du pluriel : l'homme et la femme sont *bons*. Il faut dire : votre sœur à l'air *bon*, l'adjectif bon qualifie air.

Dans les choses inanimées, il faut dire a l'air d'être *bonne* : cette poire a l'air d'être *bonne*.

Lorsqu'un adjectif suit deux substantifs séparés par la préposition *de*, il doit se rapporter au premier et en prendre le genre et le nombre : après six années de temps *écoulées*.

L'adjectif numéral *cent* prend *s* au pluriel, quand il est suivi ou censé suivi d'un substantif : trois *cents* hommes ; il ne prend point *s* s'il est suivi d'un autre adjectif de nombre : deux cent trente.

Quatre-vingt prend *s* lorsqu'il est suivi d'un substantif: quatre-*vingts* moutons ; quand il est suivi d'un autre adjectif de nombre, il n'en prend point : quatre-*vingt* deux plumes.

On écrit cent un, mais il faut écrire vingt-et-un, trente-et-un, etc. On dit quatre-vingt-un.

L'adjectif *vingt-et-un* demande un pluriel, on ne peut pas dire vingt-et-un cheval, mais vingt-et-un chevaux.

L'adjectif *vingt* prend *s* dans *quinze-vingts*.—Le substantif *aveugles* est sous-entendu.

Pour la date des années, on écrit mil; ailleurs on écrit mille, sans *s*, excepté lorsque ce mot désigne une distance: cet homme a parcouru quinze *milles*.

Quand l'adjectif se rapporte à des substantifs de choses, placés en régime, ou lorsque les substantifs ont une espèce de synonymie entr'eux, l'adjectif prend le genre et le nombre du dernier substantif, parce que c'est sur ce dernier substantif que l'esprit s'arrête. On doit bien se garder alors de lier par *et* les deux substantifs.

Exemples:

Je ne connais point de roman, point de comédie *espagnole* sans combats.

FLORIAN.

Cet auteur joue avec un goût, une noblesse *charmante*.

BOINVILLIERS.

Retenez vos pipeaux, vos voix *paresseuses*.

Retenez vos voix, vos pipeaux *paresseux*.

Tous deux signifie que deux personnes font ensemble et à la fois la même action.

Tous les deux signifie que deux personnes font la même action, mais sans marquer qu'elles la fassent dans le même temps.

L'adjectif se place, ainsi que je l'ai dit, page 32, avant ou après le substantif, l'usage est la seule règle qu'il faut suivre.

Exemples:

Quand je parle d'une table qui est ronde, mon esprit me dit que je ne puis pas dire, *une ronde table*.

Ou lorsque je parle d'un bonnet qui est blanc, il me dit également que je ne puis pas dire: *un blanc bonnet*.

Mais il y a des adjectifs, qui, placés avant ou après

le substantif, ont une *signification* toute différente.

Exemples :

Quand je parle d'un homme *grand*, je pense à un homme d'une *grande* taille.

Et lorsque je parle d'un *grand* homme, je pense à un homme d'un *vaste génie*.

En parlant d'une femme *sage*, je pense à une femme qui a des *mœurs pures*.

Et en parlant d'une *sage* femme, je pense à une femme qui accouche les autres.

En parlant d'un homme qui est *pauvre*, je pense à un homme qui n'a pas de *fortune*.

Et en parlant d'un *pauvre* homme, je pense à un homme qui n'a pas *d'esprit*, etc., etc.

Tout est tantôt *substantif*, tantôt *adjectif*, et tantôt *adverbe*.

Quelque est tantôt *adjectif* et tantôt *adverbe*.

Je vais donner des exemples de l'un et de l'autre de ces mots :

Tout.

On en distingue de cinq sortes :

1°. *Tout*, substantif, signifiant une chose considérée en son entier, s'emploie tantôt avec l'article, et tantôt sans article, il s'écrit au masculin et au singulier.

Exemple :

Le *tout* est plus grand que sa partie.

ACADÉMIE.

2°. *Tout*, adjectif, signifiant tout entier, s'écrit de même que tout substantif.

Exemple :

Tout l'homme ne meurt pas.

M. LEMARE.

3°. *Tout*, adjectif, signifiant *chaque*. — Dans ce sens, *tout* est toujours au singulier, et n'est jamais suivi d'un article ni d'un équivalent.

Exemple :

Tout citoyen doit servir son pays :

Le soldat de son sang ; le prêtre de son zèle.

LAMOTTE.

4°. *Tout*, adjectif, signifiant une universalité collective, prend les deux genres et les deux nombres.

Exemples :

Tous les peuples qui vivent misérablement, sont laids et mal faits.

M. LEMARE.

Toutes les nouveautés dans les modes n'attachent que les esprits superficiels.

5°. *Tout*, adverbe, signifiant *tout-à-fait*, *entièrement*, *quelque*, est invariable, quand il est placé avant un adjectif.

Exemples :

Ce sont des enfans *tout* pleins d'esprit.

Ces vins-là veulent être bus *tout* purs.

TH. CORNEILLE.

Nos vaisseaux sont *tout* prêts, et le vent nous appelle.

RACINE.

Exception :

Tout, ayant la signification de *quelque*, *entièrement*, *tout-à-fait*, cesse d'être invariable, lorsque l'adjectif qu'il précède est féminin, et commence par une *consonne*, ou par un *h* aspiré.

Exemples :

Toutes raisonnables qu'elles sont.

C'est une femme *toute* pleine de cœur.

ACADÉMIE.

La Grèce *toute* polie et *toute* sage qu'elle était, avait reçu les cérémonies des dieux immortels et leurs mystères impurs.

BOSSUET.

Cette jeune personne est *toute* honteuse de s'être exprimée comme elle l'a fait.

ACADÉMIE.

L'espérance, *toute* trompeuse qu'elle est, sert au moins à nous mener à la fin de la vie par un chemin agréable.

LAROCHEFOUCAULD.

Certes, tu me dis là une chose *toute* nouvelle.

MOLIÈRE, *l'Avare*, *acte* 2, *scène* 6.

REMARQUES. Il faut observer que *tout*, lorsqu'il précède l'adjectif *autre* suivi d'un substantif exprimé ou sous-entendu, a dans ce cas, la signification de *chaque*, qu'il est alors adjectif, et conséquemment s'accorde.

Exemples :

Toute autre place qu'un trône eut été indigne d'elle.

BOSSUET.

Cette liberté a ses bornes comme *toute autre* espèce de liberté.

VOLTAIRE.

Voilà la paix dont j'ai joui, *toute autre* me paraît une fable, ou un songe.—sous-entendu paix.

FÉNÉLON.

Toute autre se serait rendue à mes discours. (sous-entendu femme).

RACINE.

Mais *tout*, suivi de *autre* et d'un *substantif*, redeviendrait *adverbe*, et conséquemment invariable, si *tout* était précédé du mot *une* ; alors tout signifierait *entièrement*, et modifierait l'adjectif *autre*. Ainsi Bossuet dans l'exemple ci-dessus eût dit et écrit :

Une tout autre place qu'un trône eût été indigne d'elle.

Tout est encore *adverbe* et alors *invariable*, quand il précède un autre adverbe ; comme dans ces exemples :

La rivière coule *tout doucement*.

ACADÉMIE.

Ces fleurs sont *tout aussi* fraîches qu'hier.

MÉNAGE.

La joie de faire le bien est *tout autrement* douce que la joie de le recevoir.

MASSILLON, *Sermon sur la mort du pécheur*.

Je conclus que Cléon est assez bien chez elle,
Autre conclusion *tout aussi* naturelle.

GRESSET, *le Méchant*, *acte* 1er. *scène* 2e.

Exception:

Tout placé avant l'adverbe *tant*, n'est pas adverbe,

mais adjectif, il signifie alors *en quelque nombre que*, et s'accorde avec le mot qui le modifie.

Exemples :

. . . . maître absolu de *tous tant* que nous sommes.

RACINE.

Dieu veut le salut de *tous tant* que nous sommes,
Jésus-Christ a versé son sang pour tous les hommes.

RACINE fils.

Et je veux nous venger, *toutes tant* que nous sommes,
De cette indigne classe où nous rangent les hommes.

MOLIÈRE, *les Femmes savantes*, *acte* 3, *scène* 2.

Enfin *tout* est adverbe quand il précède un *participe présent*, ou une préposition, et un *substantif*, remplaçant l'un et l'autre un *adverbe*.

Exemples :

Elle lui dit celà *tout* en *riant*.
Elle sortit *tout* en *grondant*.

ACADÉMIE.

Elle se tient *tout de travers*.
Leurs regards étaient *tout en feu*.
Leurs amis étaient *tout en colère*.

CAMINADE.

Ma muse *tout* en *feu* me prévient et te loue.

BOILEAU.

Et quand il précède un substantif employé sans déterminatif, et pour qualifier un autre substantif ou un pronom.

Exemples :

Cette femme est *tout* œil et *tout* oreille.

ACADÉMIE.

Les Français sont *tout* feu pour entreprendre.

J.-J. ROUSSEAU.

OBSERVATIONS. *Tout*, joint à un nom de ville, prend le genre masculin, quoique le nom de ville soit féminin, *tout* dans ce cas est considéré comme adjectif; mais on sous-entend le mot peuple, et c'est à ce mot que l'esprit fait rapporter l'adjectif *tout*.

Exemples :

Tout Rome le sait, on l'a vu.
Tout Florence en est abreuvé.
C'est-à-dire tout le peuple de Rome.
Tout le peuple de Florence.

TH. CORNEILLE.

Quelque que, quelque.

Quelque joint à un substantif seul ou accompagné de son adjectif signifie *quelque soit le*, *quelle que soit la*, on le considère comme un adjectif qui prend le même nombre que le substantif.

Exemples :

Quelques erreurs que suive le monde, on s'y laisse prendre.

GIRARD.

Quelques grands biens que l'on possède; *quelques* belles qualités que l'on ait, etc.

DÉMARAIS, RESTAUT.

Quelque est considéré comme adverbe ; quand il est suivi d'un adjectif seul, ou d'un adverbe, il est invariable.

Exemples :

Quelque bien écrits que soient ces ouvrages, ils ont peu de succès.

Les choses qui font plaisir à croire, seront toujours crues, *quelque* vaines et *quelque* déraisonnables qu'elles puissent être.

BUFFON, *histoire naturelle.*

Quand *quelque* est suivi immédiatement d'un verbe employé au mode du subjonctif, on doit l'écrire en deux mots séparés.

Exemples :

Quelle que soit la vertu de cet homme.
Quelles que soient vos idées, etc.

Lorsque *quelque* est placé devant le substantif chose,

ces deux mots s'emploient souvent comme un seul mot; alors *quelque chose* est toujours masculin.

Exemples :

On m'a dit *quelque chose* qui m'a fait rire.

Avez-vous lu cette lettre ? J'en ai lu *quelque chose*.

Syntaxe des Pronoms.

Les pronoms ainsi que les substantifs ont trois fonctions dans le discours : ils y sont en sujet, en apostrophe ou en complément.

Les pronoms *je*, *tu*, *il*, *ils*, sont toujours en sujet.

Toi et *vous* peuvent s'employer en apostrophe.

Exemples :

O *toi* ! O *vous* !

Me, *te*, *se*, *leur*, *le*, *la*, *les*, *y* et *en* ne s'emploient qu'en complément.

Nous, *vous*, *moi*, *toi*, *lui*, *elle*, *eux*, *elles* sont tantôt sujets et tantôt complémens.

Les pronoms *le*, *la*, *les*, sont toujours placés devant un verbe.

Le pronom *leur* est également placé devant un verbe et s'écrit sans *s*.

Les pronoms doivent toujours être du même genre, du même nombre et de la même personne que le nom dont ils tiennent la place.

Vous, employé pour *tu*, et *nous*, pour *moi*, veulent le verbe au pluriel, mais l'adjectif suivant reste au singulier.

Exemple :

Vous *êtes* un *bon* enfant.

Les pronoms *qui* et *que* sont toujours du même nombre et de la même personne que leur antécédent.

Celui-ci s'emploie pour désigner la personne dont on vient de parler, ou pour montrer la chose la plus près. *Celui-là* pour la personne dont on a parlé en premier lieu, ou pour montrer la chose la plus éloignée.

Exemples:

Celui-ci s'applique. — *Celui là* est étourdi.

Après les monosyllabes *si*, *ou*, *et*, il faut faire précéder le pronom indéfini *on* d'un *l* avec une apostrophe; cet *l* prend le nom d'*l* euphonique.

Exemples :

Si *l'*on voulait. On mettra ceci, où *l'*on voudra.

On travaillera d'abord et *l'*on me dira ensuite, etc.

Y est pronom quand il signifie, à ceci, à cela, à cet homme là.

Exemples :

J'ai reçu la lettre de M. Véniard, j'*y* répondrai.

C'est un homme de bien ; fiez vous-*y*.

Y est adverbe, quand il s'agit d'une idée de localité, il signifie alors *en cet endroit là*.

Exemple :

Viendra-t-il avec nous, lorsque nous irons au Havre ?

Réponse : Il m'a dit qu'il *y* viendrait. — On ne peut supprimer l'adverbe *y*.

Cependant lorsque le verbe qui suit commence par *i*, on peut supprimer l'*y* pour éviter la rencontre de deux i.

Exemple :

Il m'a dit qu'il irait — pour qu'il *y* irait.

M'y ne peut se placer après le verbe qui demande le pronom personnel ; on ne peut pas dire :

Votre carrosse n'est pas plein, donnez-*m'y* place.

Vous allez à la campagne, menez-*m'y*.

Dans ces sortes de phrases il faut placer le mot *y* avant le pronom *me*.

Exemples :

Votre carrosse n'est pas plein, donnez-*y-moi* place.

Vous allez à la campagne, *menez-y-moi*.

M'y se place très bien avant le verbe.

Exemples:

Je vais à la ville, voulez-vous *m'y* accompagner ?

Vous allez chez vos amis, voulez-vous *m'y* mener ?

Syntaxe des Verbes.

Le sujet, soit *nom*, soit *pronom*, se place ordinairement avant le verbe. Dans les phrases interrogatives, il se place après.

Exemple :

Irais-*je* chez vous ?

Le nom ne se place après le verbe que quand il est seul.

Exemple :

Que diront nos *amis* ?

L'interrogation à la première personne se fait en transportant le pronom *je* après le verbe.

Lorsque le pronom *je* se trouve après un verbe qui est au présent de l'indicatif et qui se termine par un *e* muet, on met un accent aigu sur cet *e*.

Exemples :

Veillé-je? puis-je croire un semblable dessein?

RACINE.

Dussé-je après dix ans voir mon palais en cendre.

LE MÊME.

On dit aussi :

En *croirai-je* mes yeux ?

Puis-je vous assurer de mes respects ?

Aussi *pensai-je* mourir d'effroi.

Inutilement *voudrais-je* me persuader que vous êtes l'homme que je croyais.

REMARQUES. L'usage ne permet pas toujours d'agir ainsi; *je*, mis après la plupart des verbes, qui ne sont composés que d'une *syllabe* au présent de l'*indicatif* rendrait un son dur et désagréable.

Exemples :

Dors-je ?

Ments-je ?

Sens-je ?

Il faut s'exprimer d'une autre manière et dire :

Est-ce que *je dors* ?

Est-ce que *je ments* ?

Est-ce que *je sens* ?

Le sujet se met aussi après le verbe, quand le verbe est précédé des mots *tel*, *ainsi*.

Exemples :

Ainsi parlait cet *homme*. *Tel* était *Racine*.

Il en est de même dans les verbes unipersonnels.

Exemples :

Il est arrivé un grand *malheur*.

(Un grand malheur est arrivé.)

Ne pouvant point placer un substantif à la place du pronom *il*, dans cette phrase : il est arrivé un grand malheur ; *est arrivé*, est un verbe employé unipersonnellement ou accidentellement unipersonnel.

Un verbe qui se rapporte à deux sujets singuliers doit se mettre au pluriel ; cependant, il reste au singulier quand les deux sujets sont séparés par la conjonction *ou*, cette conjonction donne l'exclusion à l'un des deux.

Exemples :

Le roi et le peuple *s'entendent* parfaitement.

Le roi ou le peuple *s'entend* parfaitement.

Syntaxe du Participe.

Il ne faut pas confondre l'adjectif verbal terminé en *ant* avec le participe présent.

Quand le mot *en* peut se placer devant le mot terminé en *ant*, ce mot est participe présent; il est invariable.

Exemples :

Le navire courant à pleines voiles entra dans le port.

Je puis dire : le navire *en* courant, etc. ; donc courant est un participe.

Cet homme est obligeant.

Je ne puis pas dire : cet homme est en obligeant ; donc obligeant est un adjectif.

Le participe passé varie ou est invariable.

Toutes les fois qu'il est employé sans auxiliaire, il s'accorde, comme l'adjectif, en genre et en nombre avec le substantif ou pronom qui le modifie.

Exemples :

Que de remparts *détruits*, que de villes *forcées*.

Exceptions :

Les participes *attendu*, *vu*, *supposé*, *excepté*, *y*

mpris, ci-*joint*, ci-*inclus* sont invariables lorsqu'ils récèdent le substantif qu'ils qualifient.

Exemples :

Attendu les évènemens; *vu* les faits, etc.

Si ces participes étaient placés après les substantifs, s s'accorderaient.

Verbes Actifs.

Quand le régime direct précède le participe passé l'un verbe actif, il y a *accord* entre le régime direct et e participe; mais lorsque le régime direct est placé après, le participe est *invariable*.

EXCEPTIONS. Quand le participe est précédé du pronom *le*, tenant la place ou d'un verbe, ou d'un adjectif, ou de tout un membre de phrase, il n'y a point d'accord, parce que ce pronom ne prend ni genre ni nombre.

Exemple :

Triomphez, hommes lâches et cruels, votre victoire est plus grande que vous ne l'avez *cru*.

LAHARPE.

Plus grande que vous avez cru qu'elle n'était grande.

Lorsque le participe est précédé du pronom relatif *en*, considéré comme régime direct et ne pouvant se supprimer, il n'y a point d'accord, parce que le pronom *en* n'a de sa nature ni genre, ni nombre; mais si l'on peut le supprimer il y a accord.

1er. Exemple :

Vous me parlez de la superstition des Italiens; j'en ai beaucoup *vu* qui étaient philosophes.

DOMERGUE.

2e. Exemple :

Rendez grâces au ciel qui nous *en a vengés*.

CORNEILLE.

Le participe précédé de son régime direct, formé de l'un des mots *combien de*, *que de*, *plus*, *autant*, *quel*, *quelle*, suivi d'un substantif. *Accord*, parce que le régime direct précède.

Exemples :

Combien d'	
Que d'	honneurs n'a-t-on pas *rendus* à M. Corneil
Quels	

Participe précédé de son régime, formé des mots *peu de* et d'un substantif.

L'idée que l'écrivain a eue en vue, doit détermin l'*accord* ou le non-*accord* du participe.

Quand le substantif qui précède *le peu de* occupe l pensée, *accord*.

Exemple :

Elle regagne par une course rapide, le peu de mo mens qu'elle a *perdus*.

FONTENELLE.

Lesquels elle a perdus.

Quand *le peu de* occupe seul la pensée, point d'*accord*.

Exemple :

Le peu de sûreté que j'ai *vu* pour ma vie à retourner à Naples, m'a fait y renoncer pour toujours.

MOLIÈRE.

J'ai vu le peu.

Participes valu et *coûté* employés activement et précédés d'un régime direct. *Accord*, parce que le régime direct précède le participe.

Exemples :

Je ne regretterai ni le temps, ni la peine qu'il m'a *coûtés*.

THUROT.

Si vous saviez toutes les salutations que mon habit m'a *values*.

J.-J. ROUSSEAU.

Verbes Passifs.

Accord avec le sujet.

Exemple :

Le cœur est un aveugle à qui sont *dues* toutes nos erreurs.

SAINT-ÉVREMONT.

Verbes Neutres.

Conjugués avec *être*. *Accord* avec le sujet.

Exemple :

C'est à l'ombre des lois que tous les arts sont *nés*.

THOMAS.

Conjugués avec *avoir*. Point d'*accord*, parce que le régime qui précède ne peut pas être direct.

Exemples :

Les trois lieues qu'il a *couru*; les années que ces ouvrages ont *duré*.

Que, dans ces exemples est pour pendant lesquels ou lesquelles.

Participe d'un verbe essentiellement pronominal ou considéré comme tel. *Accord*, parce que le second pronom personnel qui précède cette sorte de verbe, est toujours régime direct.

Exemple :

Les lecteurs éclairés se sont *aperçus* sans doute, qu'une tragédie, etc.

VOLTAIRE.

Participe d'un verbe accidentellement pronominal, dont le second pronom personnel qui précède est régime direct, ou qui n'est pas suivi d'un régime direct. *Accord*, parce que le régime direct précède.

Exemple :

A ces mots j'ai frémi, mon âme s'est troublée.

P. CORNEILLE.

Mon ame à elle-même troublée.

Participe d'un verbe accidentellement pronominal, dont le second pronom personnel qui précède est régime indirect, ou bien qui est suivi d'un régime direct. Point d'*accord*, parce que le régime direct ne précède pas.

Exemple :

Cent fois je me suis *fait* une douceur extrême, etc.

RACINE.

J'ai fait une douceur à moi.

Participe d'un verbe accidentellement pronominal formé d'un verbe *neutre*. Point d'*accord*, parce que le second pronom personnel qui précède ne peut jamais représenter un régime direct.

Exemple :

Les poëtes se sont toujours *plu* à décrire des batailles.

DELILLE.

Verbes unipersonnels ou employés unipersonnellement. Point *d'accord*, parce qu'aucun de ces verbes n'a la voix active.

Exemples :

Les chaleurs qu'il a *fait* cet été.
Les grands vents qu'il a *fait*.
La belle journée qu'il a *fait*.

Le participe de ces verbes unipersonnels ou employés unipersonnellement, n'a *point la voix active*, puisqu'on ne peut pas dire que ce soit quelqu'un qui ait fait les chaleurs, qui ait produit les grands vents, etc.

Participe d'un verbe actif et infinitif d'un verbe neutre. *Accord*, parce qu'alors le régime dépend nécessairement du participe.

Exemples :

Les a-t-on *vus* marcher parmi vos ennemis ?

RACINE.

A peine l'avons-nous *entendue* parler!

FÉNÉLON.

Participe d'un verbe neutre et infinitif d'un verbe actif. Point d'*accord*, parce qu'alors le régime dépend nécessairement de l'infinitif.

Exemple :

Je vous envoie les livres que vous avez *paru* désirer.

Participe d'un verbe actif et infinitif d'un verbe actif. Le sens de la phrase peut seul déterminer l'accord ou le non-accord.

Exemples :

La dame que j'ai *entendue* chanter.
J'ai entendu la dame chanter (chantant, qui chantait).
Les airs que j'ai *entendu* chanter.
J'ai entendu chanter les airs. — Les airs étaient chantés, mais ils ne chantaient pas.

Participe laissé suivi de l'infinitif d'un verbe neutre. *Accord*, parce qu'alors le régime direct dépend nécessairement du participe.

Exemples :

Elle s'est *laissée* aller à sa passion.
Elle s'est *laissée* mourir.

Participe laissé, suivi de l'infinitif d'un verbe actif employé sans régime, le sens de la phrase détermine l'accord, ou le non-accord.

Exemples :

En parlant d'une biche à qui on a laissé prendre de la nourriture :

Je l'ai *laissée* manger.

En parlant d'une biche que l'on a donnée aux chiens pour faire curée.

Je l'ai *laissé* manger.

Participe laissé, suivi de l'infinitif d'un verbe actif employé avec un régime direct.

L'infinitif ayant après lui son régime, celui qui précède son participe, appartient nécessairement à ce participe, et le force alors à prendre l'accord.

Exemples :

Je les ai *laissés* courir les spectacles.
Je les ai *laissés* manger mes fruits.
J'ai laissé eux courir (courant les spectacles).
J'ai laissé eux manger (mangeant mes fruits).

Participe fait, suivi de l'infinitif d'un verbe, soit actif, soit neutre. Point *d'accord*, parce que le participe fait forme toujours un sens indivisible avec l'infinitif, et que le régime qui précède ne dépend jamais de ce participe.

Exemples :

J'ai pâli du dessein qui vous a *fait* sortir.

RACINE.

On ne fait pas quelqu'un sortir, on fait sortir quelqu'un, que, dépend donc de sortir.

Une effrayante voix s'est *fait* alors entendre.

VOLTAIRE.

Une voix ne se fait pas, elle fait entendre soi, se, dépend donc de l'infinitif.

Participe suivi d'un verbe précédé de la préposition à, ou de la préposition de, *accord*, quand le régime direct qui précède dépend du participe.

Exemple :

L'Europe a reconnu que Pierre-le-grand avait aimé la gloire, mais qu'il l'avait *mise* à faire du bien.

VOLTAIRE.

Il avait mis la gloire à faire du bien.

Participe suivi d'un verbe précédé de la préposition à, ou de la préposition de, point *d'accord*, quand le régime direct qui précède dépend de l'infinitif.

Exemple :

Ne faites rien qui ne soit digne des maximes de vertu que j'ai *tâché* de vous inspirer.

FÉNÉLON.

Je n'ai pas tâché les maximes, j'ai *tâché* d'inspirer les maximes de vertu ; le régime dépend donc de l'infinitif.

Participe précédé d'un régime qui est l'objet de l'action exprimée par un infinitif sous-entendu. Point *d'accord*, parce que le régime direct qui précède ne dépend point du participe.

Exemple :

N'est-il pas louable d'avoir cherché les plus noires couleurs qu'il a *pu* pour donner de l'horreur d'un si détestable abus.

ARNAULD.

On ne peut pas les plus noires couleurs, on peut les chercher, cet infinitif est donc sous-entendu, et le régime en dépend.

Participe suivi ou d'un indicatif, ou d'un subjonctif, ou d'un conditionnel. Point *d'accord*, parce que le régime direct qui précède, ne dépend point du participe.

Exemples :

Je me laissai enlever de l'hôtellerie, au grand déplaisir de l'hôte, qui se voyait par là sevré de la dépense qu'il avait *compté* que je ferais chez lui.

(LESAGE, *Gil-Blas*.)

Il n'avait pas compté la dépense ; il avait compté que je ferais la dépense.

Les succès *que* vous avez prétendu que *j'obtiendrais*, n'ont pas répondu à votre attente.

BEAUZÉE.

Vous n'avez pas prétendu les succès ; vous avez prétendu que j'obtiendrais des succès.

Les affaires *que* vous aviez *prévu* que vous auriez — La conduite *que* j'avais *supposé* que vous tiendriez. — La leçon *que vous avez voulu* que j'étudiasse.

LES GRAMMAIRES MODERNES.

Vous n'aviez pas prévu les affaires, mais vous aviez prévu *que vous auriez des affaires*.

Je n'avais pas présumé la conduite, mais j'avais présumé *que vous tiendriez la conduite*.

Vous n'avez pas voulu la leçon, mais vous avez voulu *que j'étudiasse la leçon*.

Que, dans toutes ces phrases, n'est donc pas le régime du participe, mais il l'est du verbe qui est à la suite (1).

Syntaxe des Prépositions.

Les prépositions doivent se répéter devant chaque nom en complément, quand il y en a plusieurs qui se suivent.

Exemple :

La charité donne *du* pain, *de* la viande, *de* bons conseils et *de* l'argent aux pauvres.

On peut ne point les répéter devant les noms qui sont à peu près synonymes.

Exemple :

Il perd son temps *dans* le jeu et la dissipation.

Autour est une préposition. *A l'entour* est un adverbe.

Avant est une préposition quand ce mot sert à lier un

(1) Je me suis étendu beaucoup sur les participes passés, parce que cette partie du discours offre le plus de difficultés ; on pourra les vaincre facilement avec les règles que je viens de donner ; ces règles sont empruntées de la Grammaire des Grammaires.

membre de proposition à un autre membre, comme : il est avant moi. — Ce mot est adverbe quand il marque la profondeur, comme : vous creusez trop *avant*. — Auparavant est également adverbe.

Au travers est suivi de la préposition *de*. — *A travers* n'en est pas suivi.

Près de signifie sur le point de, et est préposition. — *Prêt à* signifie disposé à. — *Prêt* est adjectif.

A la campagne signifie ne pas être à la ville.

En campagne ne se dit que des troupes.

Être *à* la ville signifie ne pas être à la campagne.

Être *en* ville signifie ne pas être à la maison.

Tomber *par* terre. — Ce qui tient à la terre, ou qui y touche, tombe par terre.

Tomber *à* terre. — Ce qui est élevé au-dessus de la terre, sans y toucher, tombe à terre.

Syntaxe des Adverbes.

Pas énonce simplement la négation.

Point appuie avec force.

Mal parler tombe sur les choses que l'on dit.

Parler *mal* sur la manière de les dire.

Si est quelquefois adverbe ; il se met devant un adjectif, un participe passé qui peut s'employer adjectivement, ou un adverbe.

Tout-à-coup veut dire soudainement, sur le champ.

Tout d'un coup, tout en une fois.

Dedans, *dehors*, *dessus*, *dessous* sont toujours adverbes.

Syntaxe des Conjonctions.

Parmi les conjonctions, les unes veulent le verbe suivant au *subjonctif*, les autres à l'*indicatif*.

Voici celles qui demandent le subjonctif :

Soit que, sans que, si ce n'est que, quoique, jusqu'à ce que, encore que, à moins que, pourvu que, supsé que, au cas que, avant que, non pas que, afin que, de peur que; de crainte que; — en général, toutes les fois que l'on marque quelque doute, ou quelque souhait.

Exemples:

Soit que je vienne ou que je parte.

Il ne fera rien, à moins que je gronde, etc.

CHAPITRE V.

De la Construction et de quelques Mots qui appartiennent à diverses parties du Discours.

La construction est *directe* ou *inverse*.

La construction *directe* est celle où le sujet est énoncé d'abord, ensuite le verbe, puis le complément ou objet, et enfin, les modificatifs.

Exemple:

sujet verbe compl. modific.
Le riche donne du pain au pauvre.

La construction est inverse lorsque l'ordre des rapports est interrompu.

Exemple:

sujet verbe modific. complém.
Il fut de ses sujets le vainqueur et le père.

Il faudrait: Il fut le vainqueur et le père de ses sujets.

Avant, ce mot est préposition quand il a un complément, exprimé ou sous-entendu.

Exemples:

Tu arriveras *avant* lui.

La fête de Pâque se trouve *avant* celle de la Pentecôte.

Avant, ce mot est adverbe; quand il appartient à cette partie du discours, il n'a point de complément.

Exemples:

Tu vas trop *avant*.

Tu creuses trop *avant.*

Depuis est préposition d'ordre quand ce mot a un complément, exprimé ou sous-entendu.

Exemple :

Quelle distance *depuis* l'instinct d'un lapon ou d'un nègre jusqu'à l'intelligence d'un Archimède ou d'un Newton.

MARMONTEL.

Depuis est adverbe de temps ; quand ce mot appartient à cette partie du discours, il s'emploie sans complément.

Exemple:

Il est arrivé *depuis* peu.

Remarques sur quelques mots qui appartiennent à diverses parties du Discours.

Ou est conjonction quand on peut le faire suivre du mot bien et s'écrit sans accent.

Exemple:

C'est vous *ou* moi.

Je puis dire : c'est vous *ou bien* moi.

Où est adverbe et s'écrit avec un accent grave sur l'u, quand on ne peut pas le faire suivre du mot bien.

Exemple :

La construction directe est celle *où* le sujet est énoncé d'abord.

Où est pronom interrogatif, quand il est employé pour à quoi.

Exemple :

Où me réduisez-vous? pour à quoi me réduisez-vous.

Que est conjonction quand il détermine la proposition qui le précède.

Exemple :

Vous voulez *que* je vienne.

Que est pronom relatif, quand on peut le changer par lequel, laquelle, lesquels, lesquelles.

Exemple :

L'homme *que* je regardais—lequel je, etc.

Que est pronom interrogatif, quand il sert à interroger.

Exemple :

Que voulez-vous ? (quelle chose voulez-vous ?)

Que est adverbe quand on l'emploie pour seulement.

Exemple :

Cet homme n'aime *que* sa fille, — je puis dire : Cet homme aime *seulement* sa fille.

Le, *la*, *les*, sont articles quand ces mots sont placés devant un substantif.

Le, *la*, *les*, sont pronoms relatifs, quand ils sont placés devant un verbe.

Là est adverbe, quand ce mot marque le lieu, il s'écrit avec un accent grave sur l'a.

Mettez cela *là*.

Soit est verbe, quand il peut être précédé des pronoms il, elle.

Exemple :

Qu'il *soit*, —qu'elle *soit*.

Soit est adverbe, quand ce mot signifie qu'il en *soit ainsi*.

Exemple :

Je promets vous payer demain.—*Soit*.

Soit est conjonction, quand ce mot lie un membre du discours à un autre.

Exemple :

La fortune, *soit* bonne ou mauvaise, *soit* passagère ou constante, ne peut rien sur l'ame du sage.

MARMONTEL.

Leur est pronom possessif quand il est placé devant un verbe et s'écrit toujours sans *s*.

Exemple :

Je *leur* parlerai.—Nous *leur* parlerons.

Leur est adjectif possessif, quand il est placé devant un substantif, il prend *s* au pluriel.

Exemples :

Leurs habits, *leurs* chemises, *leurs* soucis.

Leur habit, *leur* chemise, *leur* soucis.

Pas est adverbe de négation.

Exemple :

Je ne veux *pas*.

Pas est substantif.

Exemple :

J'ai fait cent *pas* avec lui.

Même est adjectif quand il précède un substantif ; ce mot est variable.

Exemples :

La *même* histoire.

Les *mêmes* histoires.

Le *même* homme.

Les *mêmes* hommes.

Même est également adjectif, quand il est précédé des pronoms eux, moi, toi, soi, lui, etc.

Exemples :

Eux-mêmes.—Moi-même.—Nous-mêmes (1).—Lui-même, etc.

Même est encore adjectif, quand il est précédé d'un seul substantif qui fait, ou qui reçoit l'action du verbe.

Exemples :

Les Romains n'ont vaincu les Grecs que par les grecs *mêmes*.

MABLY.

Les Grecs *mêmes* sont las de servir ma colère.

RACINE.

Même est adverbe (mot invariable).

1°. Quand il modifie un verbe.

Exemple :

« Nous n'irons pas à la campagne, nous n'avons pas « *même* envie d'y aller. »

2°. Quand il est précédé de plusieurs substantifs qui font ou reçoivent l'action du verbe.

Exemples :

Les hommes, les animaux, les plantes *même* sont sensibles aux bienfaits.

(1). On écrit nous-même, vous-même, sans S, quand on ne parle que d'une seule personne.

Dans ces phrases *même* répond à et *même aussi*, sans excepter.

Les plaisanteries, les agaceries, les jalousies *même* m'intéressaient.

J'ai tout à craindre de leurs larmes, de leurs soupirs, de leurs plaisirs *même*.

Mille est adjectif de nombre.

Exemples :

Mille hommes, — deux *mille* chevaux. — Il s'écrit sans s.

Mille est substantif.

Exemple :

Ce cheval court douze *milles* par heure (il prend s, au pluriel).

Mil s'écrit ainsi pour marquer les années.

Exemple :

Mil huit cent trente-cinq.

Tout est substantif.

Exemple :

Tout ou rien.

Tout est adjectif.

Exemple :

Tout homme, etc.

Tout est adverbe devant un adjectif, quoiqu'il s'accorde avec l'adjectif. Cependant, devant les adjectifs féminins qui commencent par une voyelle, *tout* ne change point.

Exemples :

Les soldats, *tout* braves qu'ils sont, etc.

Cette femme est *toute* malade.

Ce chien a les oreilles *tout* écorchées.

Si est conjonction conditionnelle.

Exemple :

Si vous voulez.

Si, adverbe, peut ordinairement se changer par *aussi*.

Exemples :

Il n'est pas *si* aimable que son frère.

Il n'est pas *aussi* aimable que son frère.

Si, adverbe, et *aussi* se joignent aux adjectifs, aux participes et aux verbes.

Exemples :

Le monde est *si* corrompu, que l'on acquiert la réputation d'homme de bien seulement en ne faisant pas de mal.

DE LÉVIS.

Le plaisir de l'étude est un plaisir *aussi* tranquille que celui des autres passions est inquiet.

GIRARD.

Remarques sur les lettres *C* et *S*.

C—le son de cette lettre est *que*.

Exemples :

Cabane, cadre, cou.

Son accidentel : { *se—ceci.* / *gue—second* et ses dérivés.

C conserve le son qui lui est propre avant *a*, *o*, *u*, *l*, *n*, *r* et *t*.

Cabaret, colonne, cuve, cligne-musette, etc.

C prend le son de *ch* dans violoncelle, vermicelle, que l'on prononce *violonchelle*, *vermichelle*.

C, à la fin des mots suivans, ne se prononce point.

Broc.	Croc.	Accroc.	Marc.	Echecs (jeu).
Tabac.	Jonc.	Lacs (filets).	Arsenic.	Escroc.
Tronc.	Clerc.	Cric.	Porc, etc.	

Mais il se prononce dans

Bec. Echec (perte). Estoc. Aqueduc. Agaric. Syndic. Trictrac. Avec. Cotignac. De bric et de broc.

On ne fait point sonner le *c* sur la voyelle initiale du mot suivant, si ce n'est dans quelques occasions assez rares, où on lui donne le son propre.

Exemples :

Franc-étourdi, du blanc au noir, clerc-à-maître, etc.

Que l'on prononce : *Fran-qétourdi*, *du blan-qau-noir.*

Le *c* de *donc* ne se prononce que lorsque la phrase commence par *donc*.

Exemples:

Votre ami est dans le besoin; *donc* vous devez l'aider.

Je pense; *donc* je suis.

Ou lorsque cette conjonction est suivie d'une voyelle.

Exemple:

Votre frère est *donc* arrivé.

Dans tout autre cas le *c* de la conjonction *donc* ne se prononce point.

Exemple:

Allons *don* nous promener.

C prend le son de *s* quand on met une cédille dessous. On ne fait usage de ce signe que lorsque le *c* précède les voyelles *a*, *o*, *u*, et qu'il doit prendre le son de *s*.

Exemples:

Maçon, reçu, etc.

Après *c*, la lettre *h* est purement étymologique dans plusieurs mots qui viennent du Grec, ou de quelque langue orientale; le *c* prend alors la prononciation naturelle du *k*.

Exemples:

Achéloüs.	Achmet.	Anachronisme.	Archonte.
Archange.	Chaldéen.	Chalcédoine.	Catéchumène.
Chaos.	Chersonèse.	Chœur.	Chorus.
Melchisedec.	Chrétien.	Chromatique.	Chronologie.

BEAUZÉE et L'ACADÉMIE.

Bacchus. Chloris. Melchior.

WAILLY, DEMANDRE.

On prononce à la française:

Archevêque.	Architecte.	Chirurgien.	Achille.
Archiduc.	Archidiacre.	Chérubin.	Machiavel.
Archiprêtre.	Chimie.	Tachygraphie.	Ezéchias.

BEAUZÉE et L'ACADEMIE.

REMARQUES. On prononce à la française: Archevêque, patriarche, Michel;

Et avec le son du *k*: Archiépiscopal, patriarchal, Michel-Ange.

Plusieurs grammairiens sont d'avis qu'on doit prononcer le *ch* du mot chirographaire.

Les mêmes grammairiens prononcent également le *ch* du mot Achéron, à la française.

Dans almanach le *ch* n'a aucun son. On prononce *almana*.

S — son propre *se*.

Exemples :

Sage, séjour, sûreté, semaine, semaille, etc.

Son accidentel *ze*.

Exemples :

Usure, risible, raisonnable, vésicatoire, rose, etc.

Ce son lui est propre lorsque cette lettre se trouve placée entre deux voyelles.

Cependant elle conserve le son ferme dans monosyllabe, parasol, vraisemblance, préséance, présupposer, gisons, ils gisent, il gisait, gisant.

Cette lettre prend encore le son du *z* dans les mots suivans, quoiqu'elle soit précédée d'une consonne.

Exemples :

Transiger. Transition. Transitif. Intransitif.
Transaction. Transit. Transitoire.

Remarques sur les Substantifs collectifs *géneraux* et sur les Substantifs collectifs *partitifs*.

Les collectifs *généraux* sont ceux qui expriment la totalité des persenne ou des choses dont on parle, comme : Multitude, escadre, etc.

Les collectifs *partitifs* sont ceux qui expriment une collection partielle, une partie, un nombre indéterminé des personne ou des choses dont on parle, comme : la plupart, une infinité, un nombre, une sorte, une foule, etc. On y joint aussi les adverbes qui expriment la quantité, comme : Peu, beaucoup, assez, moins, plus, trop, tout, combien et que, mis pour combien.

Règles sur les Collectifs généraux.

Lorsque le substantif collectif général est suivi de la

préposition *de* et d'un *nom*, l'adjectif, le pronom, le participe et le verbe s'accordent avec le collectif général, parce qu'il exprime une idée totale, indépendante des termes qui le suivent.

Exemples :

L'armée autrichienne fut entièrement *détruite* à la bataille de Marengo.

La pluralité des maîtres n'est pas *bonne*.

ACADÉMIE.

Il a fourni le nombre de grammaires *convenu*.

Une troupe de voleurs se sont *introduits* dans la maison.

La troupe de voleurs s'est *introduite*, etc.

Dans la première phrase, le collectif est partitif; dans la seconde, il est général.

Règles sur les Substantifs collectifs *partitifs*, ou sur les Adverbes de *quantité*.

Quand ces mots sont suivis de la préposition *de* et d'un substantif, l'adjectif, le pronom, le participe et le verbe s'accordent avec ce dernier substantif, parce qu'il exprime l'idée principale, celle qui fixe le plus l'attention.

Exemples :

La plupart des hommes se souviennent bien mieux des services qu'ils *rendent* que de ceux qu'ils *reçoivent*.

SCUDÉRI.

Une infinité de jeunes gens se *perdent* parce qu'ils lisent des livres *impies*.

WAILLY.

Quantité de gens *ont dit* cela.

Un nombre infini d'oiseaux *faisaient* résonner ces bocages de leurs doux chants.

FÉNÉLON.

On cite des femmes Spartiates une foule de mots qui *annoncent* le courage et la force.

THOMAS.

Peu d'hommes *raisonnent* et tous veulent décider.

LE GRAND FRÉDÉRIC.

OBSERVATION. Avec la *plupart*, employé absolument, le verbe se met toujours au pluriel : Le sénat fut partagé ; la plupart *voulaient* que . . . La plupart *furent* d'avis que . . . , etc.

CHAPITRE VI.

Remarques sur quelques difficultés

DE LA LANGUE FRANÇAISE.

Ecrivez des étoffes *rose tendre* et non des étoffes *roses tendres*, parce que le dernier adjectif qualifie le premier.

Lorsque le verbe se rapporte à plusieurs sujets de différentes personnes, on doit le mettre au pluriel et le faire accorder avec la personne la plus noble ; la première est plus noble que la seconde, et celle-ci est plus noble que la troisième.

Prononcez *ensevelir* et non ensévelir.

Le pronom *moi* se place toujours après les autres pronoms. Dites : lui et *moi*, vous et *nous*, eux et *moi*, etc.

Ne dites pas : Je *suis allé* le voir, dites : *J'ai été* le voir.

RÈGLE. Toutes les fois qu'on suppose le retour d'un lieu, il faut dire : *J'ai été*, et, lorsqu'il n'y a pas de retour, il faut dire : Je *suis allé*.

Exemples :

Tous ceux qui *sont allés* à la guerre n'en reviendront pas.

Tous ceux qui *ont été* à Rome n'en sont pas meilleurs.

GIRARD.

Le substantif *Août* se prononce *Oût*.

Béni. Ce verbe n'est irrégulier qu'au participe passé, béni et bénit. Bénit avec un *t* ne se dit que des choses consacrées par une cérémonie religieuse, et seulement comme adjectif : du pain bénit, de l'eau bénite, tandis qu'il faut écrire : On a béni le pain, l'eau qu'on a bénie est bénite.

BONIFACE.

Conséquent ne s'applique qu'aux personnes.

Considérable s'applique aux choses.

Exemples :

Un homme *conséquent* est un homme qui ne se contredit pas.

Une ville *considérable* est une ville d'une vaste étendue, riche, peuplée.

Digestion se prononce *digestion* et non digession.

Ecrivez.	Prononcez.
Ennivrer,	Annivrer.
Ennuyer,	Annuyer.
Ennui,	Annui.
Enorgueillir,	Annorgueillir.

WAILLY.

Expirer appliqué aux personnes, exige l'auxiliaire *avoir*; il prend *être* quand il s'agit de choses.

Exemples :

Cet homme a *expiré*. Mon bail est *expiré*.

Fidèle ne se rapporte qu'aux personnes.

On dit : En face *du* château, et non en face *le* château.

On dit : Je crains *d'avoir* une maladie, et non *de faire* une maladie; car on ne fait point une maladie comme on fait des vers, une table, un canif, etc.

Ecrivez *faon* et prononcez *fan*.

Ecrivez *feu* ma mère et non *feue* ma mère.

Ecrivez *paon* et prononcez *pan*.

Ecrivez *taon* et prononcez *ton*.

Ecrivez *Bruxelles* et prononcez *Brucelles*.

Matin et *soir*, l'un de ces mots demande l'article *au* et l'autre le rejette. On doit dire : hier matin, demain matin; mais on dira : hier *au* soir, demain *au* soir.

On dit ma *feue* mère; dans ce cas, *feue* est un adjectif qui équivaut à *défunte*.

Dans tous les verbes dont l'infinitif est terminé en *ger*, il faut toujours, pour la douceur de la prononciation, mettre un *e* muet après le *g*, toutes les fois qu'il est suivi d'une des voyelles *a* et *o*.

Exemples :

Je *mangeais*. Nous *nageons*. Ils *changeaient*, etc.

Les verbes jetter, appeler, amonceler, niveler, etc., doublent la consonne *t* ou la consonne *l*, lorsque cette consonne est suivie d'un *e* muet.

Exemples:

Je jette, je jetterai.
J'appelle, j'appellerai.
J'amoncelle, j'amoncellerai.
Je nivelle, je nivellerai.

Je jetai
Je jetais
J'appelai
J'appelais
Je nivelai
Je nivelais

} sans doubler la consonne, parce qu'elle n'est point suivie d'un *e* muet.

Le *h* de *Henri* est aspiré dans le discours soutenu; il ne l'est pas dans la conversation.

On écrit *ermite*, *ermitage*, et non hermite, etc.

Ne dites pas: Cet enfant *jouit* d'une mauvaise santé; ce négociant *jouit* d'une mauvaise réputation.

Ces mots, dit M. de Fontenelle, hurlent de surprise et d'effroi de se trouver unis ensemble; car *jouir* se prend en bonne part; on *jouit* de quelque chose d'agréable, d'avantageux; donc l'alliance des expressions *mauvaise* santé, *mauvaise* réputation, avec le verbe *jouir*, est vicieuse; il faut dire: Cet enfant a une mauvaise santé; ce négociant a une mauvaise réputation.

Écrivez.	Prononcez.
Achaïe,	Acaïe.

Le féminin de larron est larronnesse.

Celui de mulâtre est mulâtre et non mulâtresse.

Dans *nerf* de *bœuf* on ne fait entendre que le *f* du mot bœuf.

Dans *cerf* on ne prononce pas non plus la lettre *f*, mais on la prononce dans *serf*, espèce d'esclave.

Cette exception a également lieu dans *nerfs*, *bœufs*, *œufs*, qu'on prononce *ners*, *bœus*, *œus*.

Elle a également lieu dans l'adjectif numéral *neuf* quand il est suivi immédiatement d'un mot qui commence par une consonne : *neuf* cavaliers, *neuf* chevaux ; car quand cet adjectif est suivi d'un substantif qui commence par une voyelle ou un *h* muet, l'usage ordinaire est d'en prononcer le *f* comme un *v*.

Exemples :

Écrivez.	Prononcez.
Neuf écus,	neu-vécus.
Neuf ans,	neu-vans.
Neuf enfans,	neu-venfans.
Neuf hommes,	neu-vhommes.

Mais on écrit et l'on prononce : Un habit *neuf*, des habits *neufs*.

N'écrivez pas : Nous nous *noyons*, lors de votre arrivée sur ces bords.

Il faut écrire : Nous nous *noyions*, etc.

Dans tous les verbes dont le participe présent est terminé par *yant*, les deux premières personnes plurielles de l'imparfait de l'indicatif et du présent du subjonctif prennent un *i* après l'*y*, par la raison qu'elles sont formées du participe présent, en changeant *ant* en *ions*, *noyant* ; vous *noyiez*, que nous *noyions*. *Payant*, que vous *payiez*, que nous *payions*.

Riant fait aux mêmes personnes : *riiez*, *riions*.

O perd le son qui lui est propre, joint à l'*e* ou à l'*a*, comme dans Paon, Laon, faon, œuvre, œuf, OEdipe, bœuf, qu'on prononce : Pan, Lan, fan, euvre, euf, Édipe, beuf.

Passager, *ère*. — Ce mot signifie qui passe, qui dure peu.

Passant, *te* — Ce mot se dit d'un chemin, d'une rue, où il passe beaucoup de monde.

Passé. Ne dites pas ce mot *est passé*, pour dire qu'il a été reçu.

Il y a bien de la différence entre ce mot *est passé* et ce mot *a passé*. Ce mot *est passé* signifie qu'il est vieux, qu'il est aboli, qu'il n'est plus du tout en usage.

Ce mot *a passé* signifie qu'un mot a été introduit et qu'il a cours dans la langue.

BOUHOURS.

Plaine s'écrit par *a* quand ce mot signifie étendue de

pays sans montagnes : Ce château est bâti au milieu de la plaine.

Pleine s'écrit par *e* dans la signification de rempli : Cette barrique est pleine de vin.

Plutôt s'écrit en un seul mot, quand il éveille une idée de choix et de préférence.

Exemple :

Plutôt soufrir que mourir.

Plus tôt s'écrit en deux mots, quand il éveille une idée de temps ; il se dit en opposition à *plus tard.*

Exemple :

J'arriverai *plus tôt* qu'à l'ordinaire.

Près de est une préposition qui désigne un temps proche et qui signifie *sur le point de.*

Prêt à, adjectif, signifie *disposé à.*

Quant à, préposition, signifie *à l'égard de.*

Quand, conjonction, signifie *lorsque.*

Raisonner signifie se servir de sa raison pour connaître, pour juger.

Résonner signifie retentir, renvoyer le son.

Exemple :

La grotte de Calypso ne *résonnait* plus de son chant.

FÉNÉLON.

Recouvrer signifie rentrer en possession.

Recouvrir signifie couvrir de nouveau ce qui était découvert.

On prononce le *s* de : Cas, anus, Iris, aloës, fœtus, lapis, laps, Mars, Pallas, Rubens, etc.

On ne le prononce pas dans : Avis, cacis, remords, repas, etc.

On ne doit point dire : Saigner *au nez*, mais saigner *du nez.* La première expression est condamnée par l'Académie.

Régler, *rayer.* Le premier se dit en parlant des lignes qu'on trace sur un cahier, avec une règle.

Le second se dit des raies qu'on fait, soit d'une manière, soit d'une autre.

BOISTE.

Remarques sur la préposition *par* et sur la préposition *de*.

On se sert de la préposition *par*, quand l'action exprimée par le verbe est une action matérielle, et même quand elle participe de l'ame et du corps.

Exemple :

La ville de Vienne a été prise deux fois *par* les Français.

On se sert de la préposition *de* quand le verbe exprime seulement une opération de l'ame.

Exemple :

Cet homme est aimé *de* Dieu.

Saône, rivière, se prononce *Sône*.

On écrit *second*, on prononce *segond*.

On écrit *secret*, on prononce *segret*.

On prononce *secrétaire* comme on l'écrit.

Sentinelle est féminin : la *sentinelle*, une *sentinelle*.

Les noms de métaux, l'*or*, l'*argent* le *fer*, etc., considérés en eux-mêmes, ne prennent point la marque du pluriel.

Quand on dit : des *ors* de couleur, des *fers* aigres, des *plombs* mal posés, etc., on considère ces métaux comme mis en œuvre et divisés en plusieurs parties.

MM. DE PORT-ROYAL.

Les verbes suivans se conjuguent tantôt avec *être*, tantôt avec *avoir*, selon l'idée qu'on a eue en vue.

Ils se conjuguent avec *avoir* si l'on veut exprimer l'action que le verbe signifie ; une action faite par le sujet ; une chose qui ne se fait plus.

Ils se conjuguent avec *être* si l'on veut exprimer l'état, la situation, la manière d'être du sujet.

Exemples :

Avec Avoir.	Avec Être.
La fièvre *a cessé* pendant quelques jours.	La fièvre *est cessée* depuis quelques jours.
Cet homme, en me parlant, *a changé* de visage.	Cet homme *est changé* à ne pas reconnaître.

C'est cette femme qui *a accouché* madame Dumont.	Cette dame *est accouchée* d'un garçon.
Votre sœur *a monté* quatre fois à sa chambre.	Il *est monté* dans sa chambre et il y *est resté*.
Le baromètre *a descendu* de 4 degrés pendant la nuit.	Le baromètre *était monté* et il *est descendu*.

Sortilège. Le *t* se prononce.

Sourcil. Prononcez *sourci*.

Taie-d'oreiller et non *tête d'oreiller* ; ce dernier mot serait un barbarisme.

Ecrivez *va-t'en*, c'est le pronom *te* dont on retranche l'*e* ; au pluriel, ne dirait-on pas : *allez-vous-en*.

REGNIER, DESMARAIS, DUMARSAIS, FERAUD, MAUGARD.

N'écrivez pas : *vas-y* donner ordre ; il faut : *va y* donner ordre.

L'impératif *va* prend un *s* quand il est suivi des mots *en* et *y* : *vas y* ; mais si l'*y* est suivi d'un verbe, on écrit *va y* voir.

Y uni au pronom *me* ne se met jamais après le verbe.

LES GRAMMAIRIENS.

Famille de Mots.

Un mot primitif, ses dérivés et ses composés forment une *famille de mots*.

Voici le tableau de la famille du mot *grand*.

Grand :
- Grande. . . . Grandement.
- Grandeur. — Ragrandir.
- Grandir.
- Grandiose. — Agrandissement.
- Grand-mère.
- Grand-maître.

On voit entre ces mots un rapport idéologique ou de sens, et un rapport graphique ou de forme ; on y remarque un certain caractère de filiation ou de parenté, d'où vient le nom de *famille* sous lequel on le prend.

LE VOLEUR GRAMMATICAL.

CHAPITRE VII.

Mots terminés en *ance ence*, etc.

Remarque. Les élèves sont souvent embarrassés pour écrire les mots en *ance* et en *ence ;* je crois leur rendre service en leur donnant la table alphabétique suivante, dans laquelle ils trouveront non-seulement les mots en *ance* et en *ence ;* mais aussi ceux en *ense* et en *anse.*

Avant d'entrer dans ces détails, je pense devoir donner aux élèves qui n'auront pas toujours ce traité sous les yeux, la règle suivante, qui n'est cependant pas sans exceptions : qu'en général, les mots en *ance* peuvent se tourner par un verbe et que ceux en *ence* ne le peuvent point ; ils pourront s'en assurer en parcourant la table.

Exemples :

Mots en ance.	Mots en ence.	
Importance, je fais importer.	Patience,	Je ne puis point faire un verbe de ces mots.
Vengeance, — venger.	Silence,	
Complaisance — complaire	Sentence,	
Consistance, — consister.	Insolence.	

A	A	A—B—C
abondance.	aisance.	assurance.
absence.	allégeance.	attempance.
abstinence.	alliance.	audience.
accense.	alphitomance.	avance.
accointance.	apparence.	balance.
accoutumance.	appartenance.	bénéficence.
adhérence.	appétance.	bienfaisance.
adolescence.	appropriance.	bienséance.
advertance.	arrogance.	bienveillance.
affluence.	assistance.	bombance.
agence.	assonance.	cadence.

C	C—D	D-E-F-G-H-I
castrence.	créance.	doléance.
chance.	credence.	doutance.
chéance.	croissance.	échéance.
chevance.	croyance.	efflorescence.
chiromance.	danse.	effervescence.
circonférence.	décadence.	éjouissance.
circonstance.	décence.	élégance.
clairvoyance.	décevance.	éloquence.
clémence.	déchéance.	éminence.
co-existence.	défaillance.	empirance.
collabescence.	défense.	enfance.
compétence.	déférence.	engeance.
complaisance.	défiance.	équipollence.
concomitance.	déliquescence.	équivalence.
concordance.	délitescence.	espérance.
concupiscence.	délivrance.	essence.
concurrence.	démence.	évidence.
condescendance.	demeurance.	excellence.
condoléance.	dense.	excrescence.
conférence.	dépendance.	exigeance.
confiance.	dépense.	existence.
confidence.	déplaisance.	expérience.
connaissance.	dérogance.	extravagance.
conscience.	désaccoutumance	exubérance.
conséquence.	descendance.	faïence.
considence	déshérence.	féculence.
consistance.	désinence.	finance.
consonnance.	désobéissance.	fréquence.
constance.	différence.	garance.
contenance.	diligence.	géomance.
continence.	disconvenance.	gouvernance.
contingence.	discordance.	grevance.
contredanse.	dispense.	gyromance.
convalescence.	dissemblance.	héritance.
convenance.	dissidence.	ignorance.
convergence.	dissonance.	immense.
correspondance.	distance.	impatience.
corpulence.	divergence.	impeccance.

I	I-J-L-M-N-O	O—P—Q—R
impénitence.	intermittence.	offense.
impense.	intolérance.	omnipotence.
impertinence.	intumescence.	omniscience.
importance.	jactance.	opulence
imprudence.	jouissance.	ordonnance.
impudence.	jouvence.	oubliance.
impuissance.	jurisprudence.	outrance.
inadvertance.	laitance.	outrecuidance.
inappétance.	lance.	panse.
incidence.	licence.	patience.
inclémence.	lieutenance.	pénitence.
incompétence.	ligence.	permanence.
incomplaisance.	loquence.	persévérance.
inconséquence.	luxuriance	pestilence.
inconsistance.	magnificence.	pétulance.
inconstance.	malveillance.	pitance.
incontinence.	manigance.	potence.
indécence.	méconnaissance.	préconnaissance.
indépendance.	mécréance.	prééminence.
indifférence.	médisance.	préexistence.
indigence.	méfiance.	préférence.
indolence.	mense.	prescience.
indulgence.	mésalliance.	préséance.
inexpérience.	mésintelligence.	présence.
influence.	messéance.	présidence.
inhérence.	mézance.	prestance.
innocence.	mouvance.	prévoyance.
innobservance.	muance.	prévenance.
inscience.	munificence.	protubérance.
insolence.	naissance.	providence.
insouciance.	nécromance.	prudence.
instance.	négligence.	puissance.
insuffisance.	nonchalance.	pyromance.
intelligence.	nuance.	quintescence.
intempérance.	obédience.	quittance.
intendance.	observance.	rabdomance.
intense.	obstance.	rance.
intercadence.	occurrence.	rarescence.

R

récompense.
reconnaissance.
recréance.
redevance.
redondance.
régence.
réjouissance.
remembrance.
réminiscence.
remontrance.
renaissance.
repentance.
répugnance.
résidence.
résistance,
ressemblance
réticence.
révérence.
romance,

S

sapience.
science.
sécance.
séance.
semence.
sentence.
séquence.
signifiance.
silence.
souvenance.
stance.
subsistance.
substance.
suffisance.
surabondance.
surintendance.
surséance.
survenance.
survivance.

T—U—V

tempérance.
tendance.
tolérance.
transcendance.
transe.
transparence.
turbulence.
urgence.
usance.
vacance.
vaillance.
véhémence.
vengeance.
vigilence.
violence.
voisinance.
voulance.

Verbes qui ont la même terminaison.

A—B—C—D

agence.
s'agence.
avance.
balance.
cadence.
compense.
contrebalance.
danse.
décontenance.
dépense.

D-E-F-G-I-L

désagence.
devance
dispense.
élance.
encense.
ensemence.
finance.
garance.
influence.
lance.

M-N-P-R-T

manigance.
nuance.
pance, mieux panse
récense.
récompense.
relance.
rensemence.
tance.

CHAPITRE VIII ET DERNIER.

De la Ponctuation.

La ponctuation est l'art de distinguer, par des signes reçus, les phrases entr'elles, les sens partiels qui constituent ces phrases, et les différens degrés de subordination qui conviennent à chacun de ces sens.

Les caractères usuels de la ponctuation, sont : la virgule (,) ; le point virgule (;) ; les deux points (:) ; le point (.) ; le point interrogatif (?) ; le point exclamatif, ou admiratif (!) ; les points suspensifs (. . . . .) ; le trait de séparation (-) ; le guillemet («) ; et l'alinéa.

L'art de la ponctuation doit se régler :

1°. Sur le besoin de respirer.

2°. Sur la distinction des sens partiels qui constituent les propositions totales.

3°. Sur les différens degrés de subordination qui conviennent à chacun de ces sens partiels, dans l'ensemble d'une proposition ou d'une pérode (1).

De la Virgule.

La virgule indique la moindre de toutes les pauses, une pause presque inscensible ; elle se place entre le substantifs, les adjectifs et les verbes qui se suivent.

Exemples :

Les hommes, les enfans, les femmes, tout le monde était malade.

Les hommes, grands, petits, riches et pauvres, etc.

Chacun appelait, criait, pleurait, on ne pouvait plus s'entendre.

Il faut mettre entre deux virgules toute proposition incidente, purement explicative, et écrire de suite,

(1). Phrase composée de plusieurs membres.

sans virgule, toute proposition incidente déterminative formée du pronom qui, la première peut se retrancher, c'est pour cette raison qu'elle est séparée par des virgules ; la seconde ne le peut point, on ne la sépare pas.

Exemples :

Les passions, qui sont les maladies de l'ame, ne viennent que de notre révolution contre la raison.

Ne vous fiez pas aux hommes qui outragent la vérité dans leurs discours, ils vous tromperaient.

ÉPIGRAMME SUR PRADON.

« Je te tiens, Souris téméraire ;
« Un trébuchet me fait raison.
« Tu me rongeais, coquine, un tome de Voltaire,
« Tandis que j'avais là les œuvres de Pradon. »

Du Point Virgule.

Le point virgule marque une pause moitié plus forte que la virgule.

Il se met entre deux propositions dont la seconde dépend de la première.

Exemple :

L'étalon généreux a le port plein d'audace ;
Sur ses jarrets pliants se balance avec grace ;
Aucun bruit ne l'émeut.

DELILLE. Traduction des *Géorg.*

Des deux Points.

Les deux points expriment un repos encore plus considérable que le point virgule.

On les emploie : 1°. après une phrase finie, mais suivie d'une autre qui l'éclaircit, ou qui sert à la développer.

Exemples :

Les cieux instruisent la terre
A révérer leur auteur :
Tout ce que leur globe enserre
Célèbre un Dieu créateur :
Quel plus sublime cantique, etc.

J. B. ROUSSEAU.

2°. Après une proposition qui commence une énumération.

Exemple :

« On demande quatre choses à une femme ; que la « *vertu* habite dans son cœur, que la *modestie* brille « sur son front ; que la *douceur* découle de ses lèvres ; « et que le *travail* occupe ses mains.

3°. Et avant la proposition qui est précédée d'une énumération.

Exemple :

« Du lait, du pain, des fruits, de l'herbe, une onde « pure :
« C'était de nos aïeux la saine nourriture. »

On met encore les deux points après qu'on a énoncé un discours direct qu'on va rapporter.

Exemples :

Pythagore a dit : mon ami est un autre moi-même ; et Plaute : le bien qu'on fait à d'honnêtes gens n'est jamais perdu.

D'OLIVET, trad. de *Cicéron*.

Du Point.

On distingue trois sortes de points : le point simple, le point interrogatif, et le point admiratif ou exclamatif.

1°. On met un point simple à la fin de toutes les phrases qui ont un sens tout à fait indépendant de ce qui suit, ou qui n'ont de liaison avec la suite que par la convenance de la matière.

Exemples :

Le travail est souvent le père du plaisir.
Je plains l'homme accablé du poids de son loisir.

VOLTAIRE.

2°. Le point interrogatif n'indique pas une pause plus grande que les deux points, que le point virgule, que la virgule même selon l'étendue des phrases, et le degré de liaison qu'elles ont entr'elles. Il se met à la fin de toute proposition qui interroge.

Exemples :

Qu'y a-t-il de plus beau ? L'univers.

de plus fort ? La nécessité.
de plus difficile ? de donner des avis.
de plus rare ? Un véritable ami.
THALÈS DE MILET, *Voyage d'Anach*, chap. 29.

Que demandez-vous ?
Que voulez-vous ?
A quoi s'occupe-t-il ?
Qui es-tu ?

3°. Le point exclamatif termine toutes les phrases qui expriment la surprise, la terreur, la pitié, la tendresse, ou quelqu'autre sentiment que ce puisse être.

Exemples :

Que l'homme est un être étonnant ! après Dieu c'est le plus inconcevable. Que l'homme est vil ! que l'homme est auguste ! quel contraste de richesse et de pauvreté, d'abjection et de grandeur !

LÉTOURNEUR.

Le point exclamatif se place immédiatement après l'exclamation.

Hélas ! quel est le prix des vertus ? la souffrance ! Eh quoi ! homme, pouvez-vous penser que tout soit corps et matière en vous.

BOSSUET.

Cependant ô ne prend point de ponctuation immédiate.

O cervelle indocile !

MOLIÈRE.

On ne peut pas mettre : O ! cervelle indocile.

De même, lorsque l'exclamation est répétée, le point exclamatif ne se met qu'après la dernière exclamation.

Oh, oh !

Des Points suspensifs.

On trouve souvent, surtout chez les poëtes, plusieurs points de suite ; ils ne s'emploient que dans de grands mouvemens de passion, lorsque les sentimens qui oppressent l'ame, ne pouvant se faire jour tous en même temps, on laisse échapper des phrases interrompues et sans suite, qui peignent avec force le désordre intérieur. Cette ponctuation peut également avoir lieu dans le genre sérieux et dans le genre plaisant.

Exemples :

J'aime. . . . . A ce nom fatal, je tremble, je frissonne.
J'aime. . . . .

RACINE, *Phèdre*, *acte* 1er., *scène* 3e.

Après le malheur effroyable
Qui vient d'arriver à mes yeux,
Je croirai désormais, grands Dieux!
Qu'il n'est rien d'incroyable.
J'ai vu . . . sans mourir de douleur,
J'ai vu . . . (siècles futurs vous ne le pourrez croire)!
Ah! j'en frémis encor de dépit et d'horreur;
J'ai vu . . . . mon verre plein et je n'ai pu le boire.

SCARRON.

Du Trait de séparation.

Le trait de séparation est, quant à la forme, semblable au trait d'union (—); il s'emploie pour éviter la répétition de *dit-il*, *répond-il*, et pour annoncer le changement d'interlocuteur.

Exemples :

L'homme, sourd à ma voix, comme à celle du sage,
Ne dira-t-il jamais : c'est assez, jouissons?
Hâte-toi, mon ami; tu n'as pas tant à vivre.
Je te rebats ce mot, car il vaut tout un livre :
Jouis.—Je le ferai.—Mais quand donc?—Dès demain.
—Eh! mon ami, la mort te peut prendre en chemin.
Jouis dès aujourd'hui, ...

LAFONTAINE, *le loup et le chasseur.*

Des Guillemets.

Le guillemet est une espèce de caractère qui représente deux sortes de virgules assemblées; on le met avant le premier mot et avant chaque ligne d'un discours cité ou supposé; on le met également après le dernier mot du discours.

Exemples :

Je songeais cette nuit que de mal consumé,
Côte-à-côte d'un pauvre on m'avait inhumé,
Et que, n'en pouvant pas souffrir le voisinage,
En mort de qualité, je lui tins ce langage :
«Retire-toi, coquin ! va pourrir loin d'ici ;
«Il ne t'appartient pas de m'approcher ainsi.
Coquin ! (ce me dit-il, d'une arrogance extrême)
«Va chercher tes coquins ailleurs, coquin toi-même !
«Ici tous sont égaux ; je ne te dois plus rien :
«Je suis sur mon fumier, comme toi sur le tien.«

P. PATRIX, mort en 1672.

De l'Alinéa.

Écrire alinéa ou à la ligne, c'est abandonner la ligne où l'on vient de terminer une phrase, quoique cette ligne ne soit pas remplie, et commencer la phrase qui suit, au commencement de la ligne suivante, laquelle pour devenir plus sensible, rentre un peu en dedans.

On doit employer ce signe de distinction pour différencier, par exemple, les diverses preuves d'une même vérité ; les diverses considérations que l'on peut faire sur un même fait, sur un même projet ; les différentes affaires dont on parle dans une lettre, dans un mémoire ; en un mot, toutes les fois qu'on passe d'un point de vue dont l'exposition a une certaine étendue, à un autre point de vue qui permet de prendre un repos plus considérable que celui du point.

BEAUZÉE, *encyclopédie*.

Du Tréma.

Le *tréma* (¨). On donne ce nom à deux points placés sur les voyelles *i*, *u*, *e*, quand ces lettres doivent être prononcées séparément de la voyelle qui les précède.

Exemples :

Païen, aïeul, haïr, héroïque, Esaü, Antinoüs, faïence, laïque, naïf.

De la Cédille.

La cédille est une petite figure (¸) que l'on place sous la lettre *c*, avant *a*, *o*, *u*, pour lui donner le son de *s*.

Exemples :

Glaçant, glaçon, garçon, Français, reçu, etc.

Du Trait d'union.

Le trait d'union (-) se met entre deux mots que l'on veut joindre.

Exemples :

Partirez-vous ? Viendra-t-il ? Est-elle morte ?
Donnez-lui cela. Allez-y. Rendez-le-lui.
Chef-d'œuvre, bout-d'aile, vis-à-vis, par-devers.
Tout-à-fait, à contre-sens, après-demain.

Le trait d'union se place aussi à la fin des lignes, quand le mot n'est point fini.

De la Parenthèse.

La parenthèse est une figure formée de cette manière ( ), et qu'on emploie pour clorre une espèce de note qui jette un trait de lumière dans la phrase où elle est interposée, ou qui y ajoute une idée qui ne s'enchaîne pas avec les autres : elle doit être courte et vive.

Exemples :

«Je crois aussi (soit dit sans vous déplaire)
«Que femme prude, en sa vertu sévère,
«Peut en public faire beaucoup de bien,
«Mais en secret souvent ne valoir rien.

VOLTAIRE, *la prude*.

«Je croyais, moi (jugez de ma simplicité),
«Que l'on devait rougir de la duplicité.»

DESTOUCHES, *le dissipateur*.

FIN.

TABLE DES MATIÈRES.

Bolbec.—Valin, Imp. (Litho: et Taille-Douce.)

www.ingramcontent.com/pod-product-compliance
Lightning Source LLC
Chambersburg PA
CBHW072245270326
41930CB00010B/2272
* 9 7 8 2 0 1 9 5 5 0 1 6 5 *